U0111643

大展好書　好書大展

品嘗好書　冠群可期

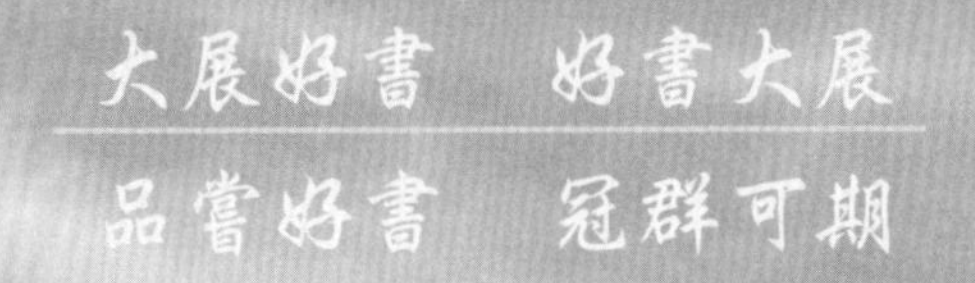

大展好書　好書大展
品嘗好書　冠群可期

命理與預言 78

紫微斗數
論斷技巧研究

緣淨居士／編著

大展出版社有限公司

序言

紫微斗數中古賦文的理論內容，其字義艱澀晦明，以及內容的枯燥乏味，早已是公認的事實。但儘管如此，它卻也是研習斗數命學唯一且不可或缺的資料範本，因而一般大眾對於它可說是又愛又恨，這實在也是一種既微妙又矛盾的心理現象。

但不管是愛亦或是恨，對於古賦文的解析與了解，於研習斗數的路程上，是必然也是必需經歷的路途。因此，如何去尋找一條最輕鬆且最簡明易懂的方法，相信對於想要研習斗數命學者，一定是最為企盼且最亟需想知道的資訊。

記得當初剛接觸斗數命學時，也並非是一開始就鑽入斗數賦文的領域裡，而是先行探討研習《易經》的理念，然後再據此理念融入解析於賦文的內容中。所以，回顧這條研習的道路，還算是輕鬆且沒有乏味的感覺，因此，為使讀者也能有著輕鬆自如優游研習於斗數賦文的理論境界中，筆者特將以往的學習心得整理歸納併彙集編纂成冊，希望能提供大家一條較為輕鬆且便捷的研習途徑。

本書承蒙好友李懿姍小姐幫我打字成稿，感恩您！筆者才疏學淺，文筆又並非高明，內容尚不免疏漏或有辭不達意之處，尚請各位先進大德不吝指教為是，筆者自當銘記於心。

最後祝大家心想事成，事業順遂如意，闔家安樂！

筆者　緣淨居士　敬識於鳳山

服務處：鳳城命理工作室
住　址：鳳山市中崙二路五七四巷十二號四樓
服務電話：○九二七九三九○五九

目錄

引言　斗數難在哪裡？

「斗數難在那裡」？這個問題對於研習過斗數者而言，絕對是一個不需經過思考即可作答的問題，而所回應的答案也幾乎是千篇一律的，它就是——斗數古賦文。

之所以會有這種「英雄所見略同」的結論，絕對必有其存在的因素，而這個「因素」也就是本書在闡述古賦文之前，必須先行提出且付諸於探討的關鍵所在。因為，如果無法突破解決這一道障礙關卡，不要說能否邁進斗數高階層的境界，甚至對於一般程度的認知與觀點，也宛如置身在空中樓閣，且如堆砌成塔般地虛浮與不實在。

可能有人會質疑筆者做如此的斷言，是為譁眾取寵，或有語不驚人死不休的心態。其實，這種現象也非筆者自己空談亂蓋的，而是在經過幾年下來的教學經驗，以及被有心人士或欲從學者的種種「考試」中，所汲取與統計得到的結論。

那些看到某種的星曜組合格局，即以固定的公式模型代入論斷；或學到一些派門所謂的「獨門絕技」，即有氣焰高張，以及排斥他人的見解與觀點現象等，相信這些事實，各位也均曾有過親身經歷與感觸。

其實，各位不妨用些心思去想一想，「數術」之學原本也不過是一種統計，徵驗意象的數據而已，怎麼可能會有「一定會」或「必然會」發生的肯定答案，如果真有如其秘笈或絕技中所言之必然、一定的現象發生，那麼「江湖術士」一詞也不會成為眾人心目中「耳熟能詳」的社會產物了。

一、五術大熔爐——斗數命學

如果各位對於斗數命學曾經研習過一段很長的時間，或是曾經跟從多位老師學習過，或者看過多種版本的電腦斗數命盤，相信必然會有以下幾種感觸與心得：

㈠為何斗數的理論好像摻雜著「果老星宗」、「七政四餘」、「四柱八字」或「風水堪輿」等術數的影子？

㈡為何同是斗數命盤的電腦程式，卻會出現多種不同命學系統的星曜，如「哈雷星」、「天廚星」等。

㈢不同的老師、不同的門派，所走的途徑自然會有所不同，但是，為何大家所教授的內容，卻無法僅針對斗數理論而做闡述，而非得引用多家學術的理論相互輔助，方能達到所要訴求的境界？

針對以上概括的三點現象，相信其唯一可解釋的結論就是——斗數的理論內容是綜合擷取各家理論的綜合體，用現代的名詞表示即是「混血兒」、「大鍋菜」。這個觀點筆者亦曾於拙著《斗數新論闡微》（龍吟出版社發行）中提及過，再加上近幾年的研究探討，更加深且確認這個觀點的真實性。因此，「五術的大熔爐」封號之於斗數命學而言，實在是再恰當不過的了。

就一般常理而言，對任何一種想要學習研究的事物，首先，必定要探尋出它的出處，瞭解它的重要關鍵點，如此，在學習的過程中才不至於遇到迷失與困惑的挫折感。當然，研習斗數的過程也是一樣，在找出它的關鍵特性後，對於後續的研習過程而言，自可清晰、明瞭，且一步接著一步輕鬆地探尋研究。

這雖是一個簡單的求學、作學問的法則，但卻往往被眾人所忽視，尤其是處於現今急功好利與速食主義猖獗的社會。因此，對於有心的研習者，筆者奉勸各位「一步一腳印」、「羅馬不是一天造成的」，讓我們能相互共勉、期盼日後能有一番的作為與收穫。

二、古賦文的難懂

五術中任何一種科目的古本文字，大都採文言文之語體表達，這種語體式的表達方法對於現代人而言，已經很讓人頭痛且提不起一絲的興趣去翻閱瀏覽，更別說深入研討或探討。

再者，不論是五術「山」、「醫」、「命」、「相」、「卜」中的任何一科，其延傳至今的年代均已久遠，而各自的古傳秘本亦不如歷經多少人的口傳與抄襲。因此，其中訛誤、流佚或口述之隱晦不知凡幾，所以，對於流傳至今且為公開版本之古籍賦文，其內容與註解大都已失去了原本的風貌，或是私自增刪、竄改，因而導致時下各家各派均據己之見而予以論述與闡微演繹。

這種現象如果是站在為學研究的立場而言，的確是值得稱讚與發揚光大的；但若僅是為了挾秘自珍，而得以圖一己之利大賺其錢的話，那可就不能以傳承任務的使命視之。所以，各位不妨放眼客觀地追蹤時下的教授五術者，其索求的研習費用往往都是獅子大開口的天價，畢業後，經過一段論斷的「蜜月期」，又得再開始拜師學秘笈。

如此一而再、再而三地受騙上當，導致時下人人有「談研習五術而色變」的現象發生。這種現象對於五術命脈之延傳實有莫大的殺傷力與摧毀力。而更令人遺憾的是，面對此一現象又有幾個人敢站出來導正此不良的風氣？

話題扯遠了，現在拉回主題。古賦文的枯燥與難懂，是大家一致公認的，甚至於在課堂上也沒有老師願意特別針對古賦文來詮釋。所以，時下大多數研習斗數的人，可能對於如何來論斷命盤的原理均是存著「一知半解」、「似懂非懂」或是「根據師門秘笈獨技」而為之的心理，一旦碰上「為何會有如此的徵驗效應？」時，可就只有大眼瞪小眼、雙手一攤，沒輒了。探究其因，即在於沒有下功夫去研習古賦文中所蘊藏的意義與徵象。

因此，在論斷上，也就沒有天馬行空地應用與演繹自如的空間。

儘管如此，古賦文所具艱難晦澀的實情，以及傳抄之誤，或刻版付梓的錯誤等現象，均為研習者的層層障礙與枷鎖，所以，闡述翻譯古賦文的工作，確實是一件艱辛且吃力不討好的工作，再加上還得顧慮因時代背景不同所造成不同意象的演繹與解釋。因此，時下眾多的斗數書籍大都不屑為之，僅有少數具道德良心的傳道解惑者，默默地秉持著一份坦蕩無私的心胸，擔負延傳斗數命脈的使命，無怨無悔，且盡己之力地將研習心得，毫無保留且公開予以示人。光是這份胸懷與情操，筆者對他們可說是打內心的尊敬與佩服。

可是，也很遺憾地，這些值得我們尊敬與佩服的師長，於現今的五術界中，可真有如鳳毛麟角般地稀少且珍貴。但終究是「寥勝於無」，否則，五術一脈的前景可就真是前途「無亮」了，不是嗎？

三、如何來研習古賦文

前面曾談到古賦文種種難學難懂的要素，雖然是研習路途上的瓶頸與障礙，但總不能因為它難學，而就此放棄；或因為它難懂，而將其束之高閣而任灰塵覆蓋掩藏。這些都不是我們研究做學問應有的態度。

古賦文的古說詞與闡微，亦有其針對與徵驗的事實，雖不能全盤用之於現今社會百態，或其中有偏執，相互矛盾的理論。但其理念的中心思想仍然脫離不出《易經》所闡述的理念範圍，如斗數六線宮位的消長、升降與增減理念，貪狼星對財帛宮的星曜與宮位之陰陽互動演繹等，均可清楚且明白地看出《易經》理念的應用觀點。因此，欲研習探討古賦文的徵象與意義，「易經」的觀念建立是一項不可或缺的工具之一。

再者，由於古賦文往往僅以寥寥地數十、百字，作為解釋斗數的意義表徵，因此，文句中的交待模糊，或是東拉西扯地胡亂合併的現象，亦經常出現在斗數的古賦文中。是故，對於其文字的註解與敘述，最好能勤於繪圖參照合研，如此不但能解讀並瞭解其中所表徵的意象與含義，並且能更加深自己研習心得的印象。俗諺：「勤能補拙」，這句話若是應用在研習古賦文的心態上，實有「一針見血」，且具有「屢試不爽」的徵驗效果。

其實，研習古賦文也並非真是如此地困難與枯燥，只不過要多花一份的時間、精力與耐力而已。因此，筆者建議各位不妨用一種遊戲玩耍的態度來對待它，就宛如下棋一般地在遊戲之間完成攻防抄掠的戰術效果。如此一來，古賦文所具備的意義，以及它所要表達之徵象，你不但能夠瞭然領悟於胸，且更能左右逢源地應用自如了。

所謂「天下無難事，只怕有心人。」以及「天下本無事、庸人自擾之。」各位可試著比較並分辨出其中因對待態度的差異，而產生完全迥異的結果。當然，對於研習古賦文所持的態度，實與前面二句俗諺有著異曲同工之妙。

四、結語

談完了如何面對與研習古賦文的淺見後，以下的各章節即就斗數相關的古賦文彩墨登場，且予以解析與闡述，但基於斗數古賦文的相關資料不在少數，且拘於篇幅所限，筆者擬就其中具代表性且具有研習價值者，如《太徵賦》、《骨髓賦》、《斗數準繩論》、《發微論》等篇，予以解析與演繹，至於其他沒有介紹者，待日後有緣，容筆者再著專書，或容於其它相關著作中闡述，還望各位讀友見諒包涵為是。

第一章　《發微論》解析

一、原　文

白玉蟾先生曰：「觀夫斗數與五星不同，按此星辰與諸術大異。四正吉星定為貴、三方煞拱少為奇，對照兮，詳凶詳吉；合照兮，觀賤觀榮。吉星入垣則為吉，凶星失地則為凶。

命逢紫微，非特壽而且榮；身遇殺星，不但貧而且賤。左右會於紫府，極品之尊；科權陷於凶鄉，功名蹭蹬。行限逢乎弱地，未必為災；立命會在強宮，必能降福。羊、陀、七殺，限運莫逢，逢之定有刑傷（另劫、空、傷、使，在內合斷。）天哭、喪門，流年莫遇，遇之實防破害。

南斗主限必生男，北斗加臨先得女。科星居於陷地，燈火辛勤；昌曲在於衰鄉，林泉冷淡。奸謀頻設，紫微愧遇破軍；淫奔大行，紅鸞羞逢貪宿。命身相剋，則心亂而不閑；玄孀三宮，則邪淫而耽酒。殺臨三位，定然妻子不和；巨到二宮，必是兄弟無義；刑殺守子宮，子難奉老；諸凶照財帛，聚散無常；羊陀守疾厄，眼目昏盲；火鈴到遷移，長途寂寞；尊星列賤位，主人多勞；惡星應命宮，奴僕有助；官祿遇紫府，富而且貴；田宅遇破軍，先破後成；福德遇空劫，奔走無力，相貌加刑殺，刑剋難免。

後學者，執此推詳，萬無一失。」

二、分段解析

白玉蟾先生曰：觀夫斗數與五星不同，按此星辰與諸術大異。

解　析

據《歷代神仙傳》：白玉蟾先生，字如晦，號海瓊道人，即葛長庚是也。淳熙初，年四十三，遊甬東海濱，遇翠虛陳師，事之九年，修鍊於武夷山。嘗自嘆：「舌古蓬頭跣足，一生服氣餐霞，笑指武夷山下，白雲深處吾家。」又自號「武夷散人」。

「紫微斗數」即是在闡述星曜間氣數變化之現象，並非如時下書籍的按字解釋——斗：量也；數：算術也。

「斗數與諸術大異」這句話，實在是違心之論，何為？試觀其推斷人命之吉凶禍福仍是依農曆之生辰為之；其人事宮位佈排依舊是按照天道左旋、人道右轉的法則。另外，以「紫微」帝尊之象而命名其術，亦不脫人性攀權附貴的心態。因此，對於所謂的「與諸術大異」之語，實在也極盡矯情虛榮之實情，更甚者，有「愈描愈黑」之嫌疑！如「果老星宗術」、「七政四餘命學術」等，不是都有些微的相似處嗎？

當然每一種的學術都有其獨特的性質，以及其所具備的珍貴訊息，因此，可千萬不要存有誰的學術才是最好，或是最高的論調，否則，到頭來吃虧的還是自己，畢竟你會因此而喪失了學習其他學術的機會。

四正吉星定為貴、三方煞拱少為奇。對照兮，詳凶詳吉；合照兮，觀賤觀榮。吉星入垣則為吉，凶星失地則為凶。

解析

此段是論斷命盤之參考原則。

㈠宮位觀念：

1.本宮：即主事宮位。如要看事業即以「官祿宮」為本宮。亦有「守」、「坐」、「填」之稱，力量之顯徵最大。

2.對宮：即與本宮相對相沖之宮位，也就是本宮六沖之位，亦有「沖」、「朝」之稱，其力量顯徵約有七成之強。

3.三合方宮：即與本宮形成三合方的宮位。如本宮在申，則子辰宮即稱為與本宮之三合方宮位，亦有「夾、輔」、「拱照」之稱。其力量顯徵約有三成之力。

4.四正：本宮與對宮、三合宮位之合稱，另為行文之對仗工整，故將其以「三方四正」敘述。

㈡宮位陰陽分類：

1.六陽宮：即子、寅、辰、午、申、戌六宮稱之。

2.六陰宮：即丑、卯、巳、未、酉、亥六宮稱之。

3.四正宮：即子、午、卯、酉四宮稱之。亦稱「桃花地」、「四敗地」、「四沐浴」。

4.四生宮：即寅、申、巳、亥四宮稱之。亦稱「四隅地」、「四馬地」。

5.四墓地：即辰、戌、丑、未四宮稱之。亦稱「孤獨地」、「四庫地」。

㈢星曜吉凶之論斷準則：

星曜所表現的吉凶或然率，主要亦是視其所躔度與十二宮之廟旺利陷等徵象而定。如果星與宮相生、又在廟、旺與得地者為吉；若星與宮相剋，又在陷、閑與不得地者為凶，尤以剋本命納音者為最凶。

1.廟：星曜入廟最明、得數最強、吉曜極吉、凶曜不凶。

2.旺：星曜旺地次明、得數次強、吉曜上吉、凶曜不凶。

諸星十二宮強弱表現參考表

落陷	不得利	平和	益利	得地	旺	廟	強弱／十二宮
羊陽 陀火	陽同 巨	紫 廉	紫 廉	昌 曲	陀羊武同 殺貪巨	祿機陰梁 相府破	子
機	陽同 巨		貪 廉	火 鈴	梁 破	曲陀殺相武紫 昌羊貪陰府	丑
昌 陀	陀	廉文 貪	同	武機 破	陽紫 陰	祿火府梁廉 鈴殺相巨	寅
破相 羊陰		廉	曲武 火	貪 府	曲機紫 昌殺	巨陽 祿梁	卯
火陰 鈴巨		同相 巨	廉 機	曲殺紫 昌相	陰 破	陀殺梁貪 羊府武	辰
陀廉陰 貪梁		破機 武		火府 鈴相	陽紫 巨	昌同 曲祿	巳
曲同 羊昌	陰	廉	廉	相	巨貪陽 殺府武	火破機紫 鈴祿梁相	午
機	陰同 巨	巨	廉 昌	陽 相	昌梁 曲破	陀殺貪紫 羊武府	未
火梁 鈴陀		貪 陀	陰	同武府 機陽巨	紫 同	祿相廉 殺巨	申
羊破 相		廉陽 同	武 貪	梁火 鈴	殺陽紫 機府	昌巨 曲祿	酉
曲巨 昌	陽	同 巨	紫 相	機 廉	陰 破	陀鈴殺梁貪 羊火府武	戌
火梁貪 陀陽廉		武機 殺破	昌	府 相	曲紫 巨	祿同 陰	亥

3.得地：星曜得地光明、得數適度、吉曜吉、凶曜不凶。
4.利益：星曜利益尚明、得數漸弱、吉曜下吉、凶曜漸凶。
5.和平：星曜和平已弱、得數亦弱、吉曜力微、凶曜次凶。
6.不得地：星曜落陷無光、無數可得、吉曜無用、凶曜最凶。

命逢紫微，非特壽而且榮；身遇殺星，不但貧而且賤。

解析

本節的二句斷語，實有待商榷之處。的確，紫微星是具有帝尊之榮貴象徵，但除非逢會府相等輔佐之曜，方是真材實料之輩，這是以「榮」而論；若就「壽」而言，歷代的君王又有幾個可享長壽之命，再加上《封神榜》故事中所演繹的人物─伯邑考，那可真有所謂「壯志未酬身先死」的遺憾，又豈有「壽」可言?當然命理學是一種統計的數據顯徵，絕不能以個案的表現來概括一切。

同樣地，「身遇殺星」也不可能必然是貧且賤；尤其是處於時下的社會背景型態。因為，時下的社會是一個多媒體、多變化與多層次的組合體，而殺星的個性亦正好迎合時下社會型態的要求，否則，一定會被這個社會所淘汰，或永遠屈屬於他人之下。另古賦文亦有記載：「紫微守命最為良、二殺逢之壽不長。」；「火鈴羊陀來相會，七殺同宮多不貴。」可見於論命下斷語時，最好要全盤的參研，千萬不要在重蹈古賦文以偏概全的覆轍。

另外，有關「命、身宮」的概念，筆者已於拙著《斗數星曜與格局新義》一書中有很詳細地闡述，各位可逕自購買參閱。

左右會於紫府，極品之尊；科權陷於凶鄉，功名蹭蹬。

解析

紫微、天府二星分別居北、南斗之首，有帝尊之象徵，故如有輔佐之星曜，方可成就其帝尊之屬實。因此若輔弼與紫、府同宮，三合、對照，或輔弼夾紫府等，均可達到很高的格局與成就。

另外，值得一提的是，輔弼不喜入於夫妻宮或子女宮，因為根據家傳秘笈中有云：「左輔主出，右弼主入。」的觀念，因此大都有外遇或重拜義父母之徵驗。

再者，輔弼、魁鉞與昌曲合稱「六貴星」，其共同的特性：喜歡錦上添花，不做雪中送炭的事，換句話說也是一種很現實、勢利的星曜，如果命宮獨守，這種個性現象的表徵尤為明顯。

古文：「科星二限遇文昌，士子逢之姓名香。」「權星主限喜非常，官祿高陞佐帝王。」、「士子名高添福祿，庶人得此積金銀。」，大抵科權之星主人的科舉功名是可確証的，但仍要視其得地與否，否則，徒勞無功，如果再逢羊、陀、空、劫、傷、使、耗星等，均主考場失意，功名不遂。

斗數中所謂的「凶鄉」，大抵可分為：

(1)六煞星，日月落陷或廉、破、貪、巨、殺所居之地。

(2)長生十二運中之沐浴、衰、病、死、墓、絕稱之。

(3)流年歲星中之小耗、蜚廉、病符、伏兵、官符等，但靈動力較小。

茲將化科、化權於十二宮的強弱表現列示如後：

	化科	化權
子	得地	不得地
丑	得地	得地
寅	福	福
卯	喜	喜
辰	福厚	福緩
巳	福緩	旺地緊
午	得地	得地
未	福緩	福緩
申	得地	不得地
酉	不得地	不得地
戌	福	福
亥	得地	不得地

行限逢乎弱地，未必為災；立命會在強宮，必能降福。

解析

本段文句是針對善行限運而言。本來人生的運途表徵，自古即有「十年河東，十年河西。」、「三年一運，好壞照輪。」之俗諺。

斗數言限運大抵分為大、小二限而言，大限主十年運途，小限主一年之運勢。

因此，若是限運行於落陷不得地的宮位，且又逢殺惡星曜，當然是有凶咎之徵驗，但若三方四正有會逢吉星，或化祿、權、科等吉星時，則未必有災有凶咎。如《斗數準繩》云：「身命得星為要、限度遇吉為榮。」

至於「強宮」、「弱宮」之分別，茲列示如下：

(1)強宮：日月得地、戌亥子寅順運宮、本生肖之三合方、本生肖之開門宮位。

(2)弱宮：退財宮、申宮、日月反背、原神宮對沖之宮位。

命坐強宮，自然會有運途順遂之徵驗；命坐弱宮，一生運途坎坷不順暢。儘管有些理論上的認定，然而，命盤上吉凶禍福的顯示，也僅是針對著天體磁場的感應徵象而言，若有後天的積德行善輔助、亦會造成令人意想不到的結局靈動。如古文所言：「心好命微亦主壽。」「陰騭延年增百福，至於陷地不遭傷。」，以及所謂的「一命、二運、三風水、四積陰德……」等等，均是在闡述積德行善是改善運途好壞之關鍵。

解析

羊、陀、七殺，限運莫逢，逢之定有刑傷。天哭、喪門，流年莫遇，遇之實防破害。

羊、陀、七殺，均是屬個性強硬剛烈的星，但亦有所分別。羊、陀的煞性是屬被動的、非得有導引線方可發動，但七殺的殺性，卻是積極且主動的，因此，三星會逢其刑傷之力定有不同凡響的威力。是故，斗數往往用其論斷倒限的方法之一。儘管理論原則是這樣訂定的，但於實戰上，仍然要視其星曜入宮之強弱表現而論。

至於天哭、喪門二星均屬流年星曜，除非與主星落陷，又會逢六煞星曜時，才會呈現凶象，否則，不可一概而論，但損傷、破耗、遺憾自是在所難免。

南斗主限必生男，北斗加臨先得女。

解析

南斗星系為陽、為男。北斗星系為陰、為女。

但若僅依此看子女現象，實在亦太過貧乏，茲將筆者手中所收集的資料，以及實務的論斷條例列示，供作參考應用。

凡看子女：

(1)視本宮星宿而判斷子女數，若逢羊、陀、火、鈴、空、劫、殺忌，主生子女有刑剋之徵驗。

(2)若本宮無星曜則借對宮星曜參考之。若是善貴星，則主生貴子無疑；若為殺惡星，則主生子不是刑剋，就是破敗浪蕩之子。

(3)再看三方四正，若南斗星多，主生男多；北斗星多，則主生女多。

(4)若是太陽居陽宮，主先生男；太陰居陰宮，主先生女。若刑殺居於本宮，且又無制化相生，則有絕嗣之慮。

凡論斷子女數，雖然不能說是一定，但亦可據為參考資料，茲摘錄《全書》中之「子女宮」內容，供作參考：

「紫微廟旺，男三女二，加左右昌曲有五人，加羊陀火鈴空劫只一雙，不然偏室生者多，或招祀子居長，破軍同三人，天府同加吉星四、五人，加昌曲左右有貴子，若獨守再加空劫為孤君。

天機廟旺二人，或庶生子，巨門同一人，天梁同在寅宮有二三人，在申宮女多男少，只可一子，太陰同二三人，加羊陀火鈴空劫，全無子。

太陽入廟，男三女二，晚子貴，巨門同三人，太陽同五人，陷地有三子不成器，再加羊陀火鈴空劫，止留一子送終。

武曲主一子，或成至少，生者多，破軍同，主刑，止有一人，加羊陀火鈴空劫、絕嗣，貪狼晚招二子，天相同，先招外子，後親生一子，七殺同，主孤或傷殘之子。

天同廟旺五子，有貴，巨門同三人，太陰同五人，在午宮陷地減半，天梁同，先女後男、有二子，守在申宮只留一子送終，在寅宮加吉星有三子，加羊陀火鈴空劫，見刑剋，子少送終。

廉貞一人，天府同主貴子三人，若貪狼破軍七殺同，主孤，再加羊陀火鈴空劫、全無，天相同有二子。

天府五人，武曲同二人，紫微同四、五人，廉貞同三人，加羊陀火鈴空劫、止三人。

太陰女三男二，先女後男，廟旺有貴子，陷地減半，招軟弱之子或虛花不成器，太陽同五人，天機同二人，天同同五人，廟地無剋，陷宮有剋，加羊陀火鈴空劫子少。

貪狼廟旺二人，早有刑剋，紫微同二人，廉貞同子少，加吉星二人，武曲同三人、先難後易。

巨門入廟二人，先難後易，太陽同、頭一二子易養，加羊陀火鈴、子少，天機同一人，有吉星同二人，加空劫全無。

天相無羊陀火鈴同，有二子成器，有殺，先招祀子居長，親生一二子，紫微同，加昌曲左右有三四人，武曲同有三人，見羊陀火鈴空劫、必剋、宜偏室生。

天梁廟旺二人，加羊陀火鈴空劫、早剋，天同同，加昌曲左右吉星有三人，天機同有二人，加羊陀火鈴空劫全無。

七殺主孤，一人之分，紫微同再加吉星有三人，見羊陀火鈴空劫，全無，縱有不成器，必強橫敗家之子。

破軍入廟，三人，剛強之子，紫微同三人，武曲同，加昌曲左右有三人，廉貞同一人，見羊陀相生有制、無刑，見空劫火鈴、少子。

左輔單居，男三女一，見紫微天府諸吉星，主貴子，見破殺羊陀火鈴空劫、止二人，有也不成器。

右弼三人，加吉星有貴子，見羊陀火鈴空劫，減半。
文昌三人，加吉星更多，有羊陀空劫，只一子之分。
文曲廟旺有四人，陷地有二三人，加羊陀火鈴、子少。
祿存主孤、宜庶出，一螟蛉子，加吉星有一人，加火星諸殺孤刑。
羊陀陷宮、孤單，加吉星廟旺有一人，如對宮有吉星多，無殺沖，亦有三四人，見耗殺忌在本宮絕嗣。
火星逢吉同，不孤，陷宮加殺，刑傷。
鈴星獨守孤單，加吉星入廟，可許庶出，看對宮吉多，二三人。
魁鉞單守，主有貴子。」
另將南北斗之星屬整理如下：
△南斗星：天府、天機、天相、天梁、天同、文昌、火星、鈴星、天魁、天鉞。
△北斗星：紫微、貪狼、巨門、破軍、文曲、祿存、武曲、廉貞、左輔、右弼、擎羊、陀羅。
儘管古籍中對於子女觀念的認定，具有如此多且詳細的論述。但是，針對「生

兒育女」一事，除了古文的原則條文外，夫妻雙方的生殖系統必須正常、沒有障礙，以及現今醫學科技的發達等因素，都必須於論斷時列入作為參考的依據。尤其是時代背景的不同。如古時農業社會的大家族多主張「多子多孫多福氣」，而現今社會大都是小家庭制，因此，較重視「質的好壞」，而不重視「量」之多寡。所以，對於此種因社會型態不同而造成觀念上差異的問題，實亦是吾人於論斷實務上，應特別要注意與慎重處理。否則，一旦「踢到鐵板」或被人拆了招牌，那可就欲哭無淚且投訴無門了。

再者，若大小二限行子女宮、田宅宮、父母宮、僕役宮或流年子女宮恰與斗君同度，均有懷孕生子的喜訊。

科星居於陷地，燈火辛勤；昌曲在於衰鄉，林泉冷淡。

解析

前文已有「科權陷於凶鄉，功名蹭蹬。」，在此又有「科星居於陷地、燈火辛勤。」之語，似乎有重複多贅之嫌，但「陷地」與「凶鄉」間，實具有程度上的差異，「陷地」有化吉的時候，而「凶鄉」與後句的「衰鄉」，均具有懷才不遇，甚至有自我頹廢、放逐山林之間，且有看破紅塵俗事、遁入空門之徵驗。

文句中「科星」一詞，應該不僅是狹義的指著「化科星」而言，魁鉞、昌曲與輔弼諸星，均應廣泛地包含在內。但是，由其文中之釋義，好像僅針對科舉考試，所以，化科星與昌曲星就較為凸顯，不過，各位亦不要忽略了輔弼與魁鉞星對科舉考試的靈動力。

化科星因年干而有所不同，其廟旺陷失強弱的展現亦會因其星纏宮度的不同，而產生不同程度上的影響，茲將十干之化科星星纏宮度之強弱表現，列成「化科星纏宮強弱表」便於查閱對照。

註一：庚年四化本書採用「化祿：太陽，化權：武曲，化科：太陰，化忌：天同。」其他亦有不同的見解，各位可逕自參考拙著《全方位論斗數，下冊、第三章：四化之論辯》（益群出版社發行）即可明瞭領悟。

註二：辛年四化之科星本書採用「文曲化科」，其他亦有左輔化科、天府化科之不同見解。

化科星纏宮強弱表

癸	壬	辛	庚	己	戊	丁	丙	乙	甲	年干
太陰	左輔	文曲	太陰	天梁	右弼	天機	文昌	紫微	武曲	星曜／宮躔
廟	旺	廟	廟	廟	旺	廟	地	平	旺	子
廟	廟	廟	廟	旺	廟	陷	廟	廟	廟	丑
陷	旺	平	陷	廟	旺	地	陷	廟	地	寅
陷	旺	利	陷	廟	旺	旺	旺	旺	利	卯
陷	廟	地	陷	廟	廟	利	地	地	廟	辰
陷	旺	廟	陷	平	旺	平	廟	旺	平	巳
失	旺	陷	失	廟	旺	廟	陷	廟	旺	午
地	廟	旺	地	旺	廟	陷	利	廟	廟	未
利	旺	地	利	陷	旺	地	地	旺	地	申
旺	旺	廟	旺	地	旺	廟	廟	旺	利	酉
旺	廟	陷	旺	廟	廟	利	陷	地	廟	戌
廟	旺	旺	廟	廟	旺	平	利	旺	平	亥

註三：文中的「燈火辛勤」與「林泉冷淡」均是在譬喻考試不中、名落孫山。所不同的是結局的表徵。

註四：有關科舉星之吉凶徵驗古文中亦有其他的記載如「文曲逢七殺刑忌囚及諸惡曜，詐偽莫逃。」「命坐空鄉定出家，文星相會實堪誇；若還文曲臨身命，受蔭清閑福可嘉。」「只恐惡殺臨、火鈴羊陀激、若還逢陷地、苗而不秀實，不是公吏輩、九流二數術。」等。但若論考運的吉凶，還實該與本命、大限與流年的官祿宮，以及三方四正的宮位合參為是。

奸謀頻設、紫微愧遇破軍；淫奔大行、紅鸞羞逢貪宿。

解　析

「奸謀頻設」，猶如今人所謂的「設計」、「挖窟仔」（台語發音）之意。

紫微能遇破軍的格局圖示如下：

(一)

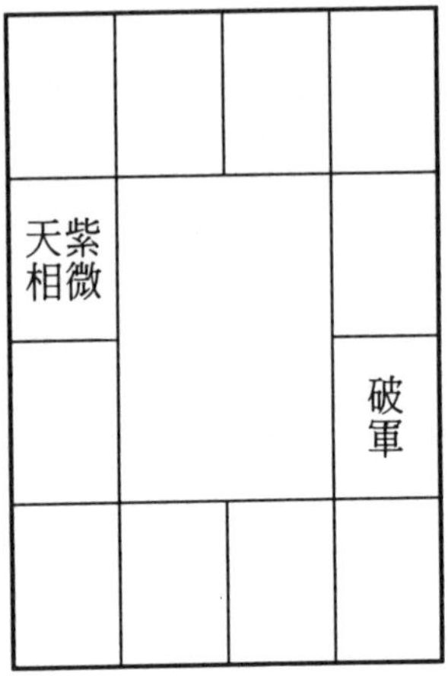

紫微天相			
			破軍

(二)

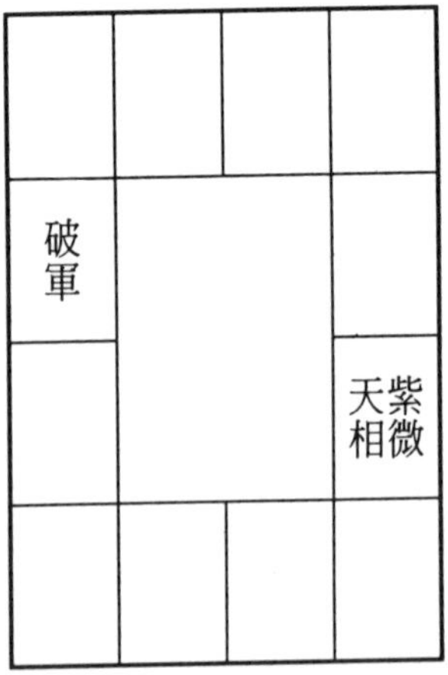

破軍			
			紫微天相

(三)

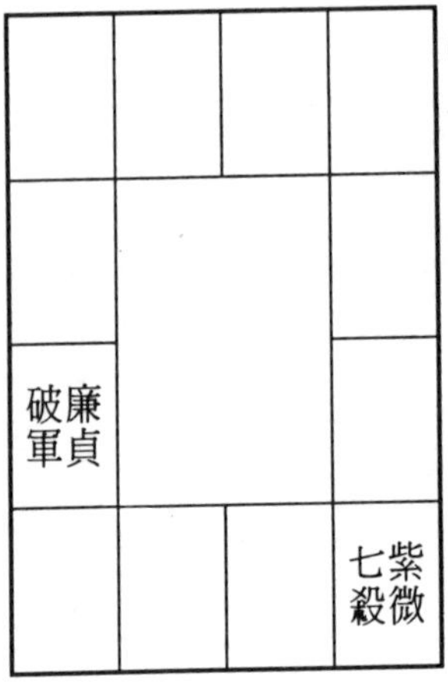

廉貞破軍			
			紫微七殺

(四)

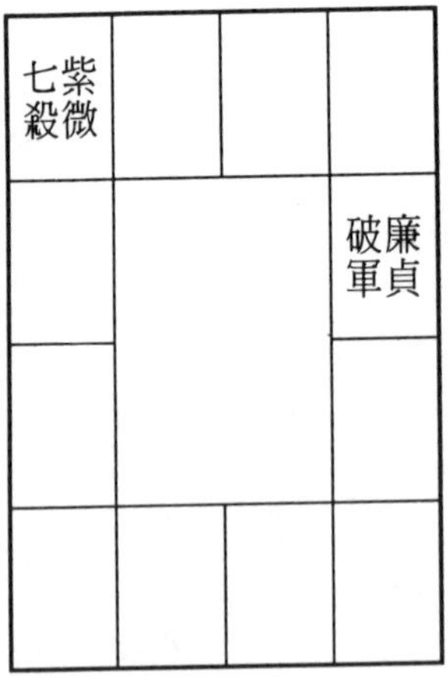

紫微七殺			
			廉貞破軍

(七)

		紫微破軍	
	天相		

(五)

武曲破軍			
			紫微貪狼

(八)

		天相	
	紫微破軍		

(六)

紫微貪狼			
			武曲破軍

又，古賦文的相關記載如下：

「破軍居，紫微則失威權，逢天府則作奸偽。」

「紫微若遇破軍在辰戌丑未，主為臣不忠、為子不孝。」

「無左右，無吉曜、凶惡胥吏之徒。」

「紫微愧遇破軍」一句，如果是依照上述之種種理論圖文、相信各位仍是一頭霧水，無法瞭然釋懷。但如果用《封神榜》故事中的伯邑考與紂王譬喻，相信一定可以恍然大悟且發出一聲「噢！原來是如此」的讚嘆。當然，由於受篇幅所限，筆者自是不好意思將紫微與破軍的星曜性情再演繹一遍，所以只好請各位逕自購閱拙著《全方位論斗數，上冊、第二部：談星說曜化星情（斗數心法）》一篇中，即可清楚且明白其中的原委。

基本上，紅鸞與貪狼二星均為桃花星曜，但其對桃花意象的表現亦有著層次上的差異。如貪狼星的桃花意象雖是屬於肉體性慾的表現，但它卻是屬於「有所為而為」的行為意識，且有經常更換，喜新厭舊的現象；而紅鸞星的桃花意象根本就是一種主動積極的引誘，只要能達到其肉慾上的享受即可。因此，若以層次來分，貪狼的桃花意識之層次要比紅鸞星高很多。

是故，此二星的會逢，尤其是在人慾橫流的現今社會，你說能不會有「男貪女愛」、「淫奔大行」的現象發生嗎？

再者若依五行的性情而言，貪狼屬壬水、甲木，紅鸞屬癸水、二水一木比肩又相生，如此地水乳交融、陰陽交媾太密太緊，桃花肉慾的現象能不發生且蕩漾嗎？

命身相剋，則心亂而不閑；玄媼三宮，則邪淫而耽酒。

解　析

《斗數骨髓賦》有云：「命好身好限好，到老榮昌；命衰身衰限衰，終身乞丐。」儘管古籍中對於命、身宮有種種的釋義，如命宮代表著先天的，身宮代表著後天的；命宮是主、身宮為輔等等，但好像都很抽象，且未能詳盡地描繪入骨。筆者在此以最簡明易懂的字眼來解釋命、身宮的意義，希望對各位於理解上有所助益。

命宮：可演繹為一個人的思想。

身宮：可演譯為一個人的行為。

試問：一個人若是思想與行為有不一致的情形發生時，他會有什麼心態或行為的表徵？這個答案不用讀者多說，各位想必也早有了明確的認定。因此，所謂的「心亂而不閑」，實可以「身心不平衡」來代替解釋，這樣的闡述與演繹，相信各位會覺得貼切滿意可以接受。

「玄媼」者，斗數是指天姚星而言。但若就古籍的釋義，玄媼與天姚星的意象徵義實在有著天壤之別的差異，何也？「玄」者，即天也！「媼」者，是為母的別稱。而坤是為地、為母；是故，「玄媼」實是指著天地之母，創造萬物的原動力而言。而斗數居然將其與天姚星相互比擬，足可顯示斗數一術之原創始者，其學識涵養如何，自可一目瞭然。「三宮」者，即夫妻宮是也。

試問一顆代表著創造天地萬物，或是生育繁殖力的星曜，坐落於夫妻宮會有「邪淫而耽酒」如此嚴重的後果嗎？當然，若是明指「天姚星」的話，其徵象是必然且合於事實之徵驗。因此，各位於研究探討古賦文時，最好能降低一些知識水平，或是多用心思來察證其所引用古籍經典之出處。如此，才不會有被其蒙蔽與被其牽著鼻子走的不良後遺症。

殺臨三位，定然妻子不和；巨到二宮，必是兄弟無義。

解析

七殺星是一顆將星，且是一位常年戍守在外的將軍，因此，亦有「遇星」、「過房星」與「妾星」之稱呼，對於愛情的觀點又有所謂「愛情的獵手」、「城市獵人」的「酷」譽，而「三位」是指夫妻宮是也。試問諸如此種於感情觀念是那麼地「酷」，且具有經常更換愛情對象的星曜，若是成為您的配偶時，你們之間的感情關係會和睦、會快樂嗎？

巨門星有「隔角煞」之稱謂，也有將空間分為內、外二面之徵象，再加上古賦文中巨門有化氣為「暗」的譬喻，所以，不要說是「二宮」——兄弟宮，其他的諸人事宮位一旦有巨門星坐守，其徵驗之意象都具有相同的效應。如古文所記載的：「巨門在兄弟，則骨肉參商。」「六親寡合、交人初善終惡……此乃孤獨之數、剝刻之神。」「巨門兄弟宮，廟旺二人，陷地各胞有，宜分居，太陽同加左右昌曲有三人，天機同有二人，更乖違不一心，天同二三人，加羊陀火鈴、孤剋。」

刑殺守子宮、子難奉老；諸凶照財帛、聚散無常。羊陀守疾厄、眼目昏盲；火鈴到遷移、長途寂寞。尊星列賤位、主人多勞；惡星應命宮、奴僕有助。官祿遇紫府、富而且貴；田宅遇破軍、先破後成。福德遇空劫，奔走無力，相貌加刑殺，刑剋難免。

解析

本段內容與前二句均是在闡述諸星曜入人事十二宮，所展現的人生徵驗訊號。而且文句的表現上，又特別加重相對且反義的意象，主要的用意，還是在提醒研習者星曜與宮位間，是否為得地或適得其所。刑殺（擎羊）入子女宮或父母宮（相貌宮）、主子女無靠，或與父母緣薄，有刑剋，甚至有白髮人送黑髮人的遺憾事。

諸凶（六煞星）入財帛，主財來財去，總是一場空。羊陀入疾厄，主視力眼睛之病症。因為羊陀之五行屬金，而眼是屬肝經木，為金剋木。尊星（紫微或六貴星）入賤位（奴僕宮），主人材小用，無法發揮所長。

惡星（羊陀火鈴廉破貪等強悍的星曜）入命宮，當然有足夠的威嚴氣勢駕馭屬下，使其為己拼命。紫府均為官祿星曜，因此，若於官祿宮坐守，是為適得其所，且能發揮其特長與特性。

破軍星有破壞與建設雙重的意象。因此，若於田宅宮坐守，主有先破祖產，後有自己努力打拼所購置的家產（不動產）。

空劫入福德宮，就宛如一個人出生的時候，是光著身子，不帶任何的東西來降臨這個世界；而死的時候，也是孑然一身與天地合一，且空空而去。套句俗語即是「人生如夢，夢如人生，來去匆匆、徒留空空。」

以上所述，均僅針對著單一宮位而立論，於事實亦不免會有所差距，所以我們於實務之論斷時，還是得依各主事宮位之三方四正、星曜之強弱徵象，以及四化之效應等，全盤地綜合研參，如此所得之徵驗準確度才能令人滿意且目瞪口呆。

後學者，執此推詳，萬無一失。

解析

諸如此類自吹自擂的結語，於古賦文中是經常可見的。由此，我們亦可感覺到古人高傲且追求名利的心態。大凡一個人終其一生運途的展現，可說是千變萬化且起伏不定的。如果說，僅是依此寥寥數語的《發微論》，或是如理論架構都不完整的斗數命學，即來解讀通徹複雜的人生運途變化，好像是有點癡人說夢的感覺。畢竟，任何一種命理學術其所建立的理論或法則，也只不過是一項統計的數據徵象而已，而斗數命學由於其崛起的時間又較諸命學來得晚了許多。因此，對於白玉蟾先生所說的：「後學者研習斗數而預測宿命，大抵只要能夠依據這些速見凶厄線索而推測預測宿命，必定能夠論斷神驗而萬無一失！」

筆者實在不敢苟同他的高談闊論，至於各位讀者，您的看法又如何呢？

第二章 《太微賦》解析

一、前言

本篇文章於《十八飛星策天紫微斗數全集》，以及《紫微斗數全書》中均有收錄，但很奇怪的是，均未提撰文者的姓名，而且文字上的記載亦有所出入，當然，如果僅是一些用詞上無關緊要的小瑕疵，那還說得過去，但諸如：《全書》本的《太微賦》所云：

「星分於一十二垣，數定乎三十六位。」

以及《全集》本的記載：

「星分於十二宮，數定乎六十三位。」

甚至於近年來王亭之先生所公開「八喜樓抄本」的記載：

「星分於十二宮，數定乎六十位。」

相同的一句話，卻同時有著三種不同版本的釋義。儘管如此，諸名家大賢們仍舊可以各自依據而論述，且面面俱到、條條有理。但若是從一個初研習者而言，面對此種不同的說法，以及不同的角度論述的依據，試問，他們要遵從何者為是，或如何來分辨其真偽，這種現象其實也並非僅是會造成初研習者的困擾，對於像筆者已有涉獵稍具基礎者，在面對著此眾說紛紜且莫衷一是的怪異現象中，也只有兩手一攤地一笑置之了。當然，對於後續再來查證與比對的時間花費上，那可就是大費周章了。

因此，對於古賦文中所發生諸如此類離譜且怪異的現象，各位不妨以平常坦然的心態視之，畢竟，古人也還是人，因此，對於有關人的七情六慾表現，豈忍心對其做過於苛刻的要求？所以，面對著此一無奈的現象，最重要的還是要靠自我的充實，以及多用些心思與多下點工夫去研究探討，如是，於日後的研習途徑上，才不至於遭到「滑鐵盧」，或產生被「三振出局」的遺憾現象。

二、原　文

斗數至玄至微，玄理難明，雖設問於百篇之中，猶有言而未盡。至如星之分野，福禍淺深，壽夭賢愚，貪淫正直，各有所司，不可一概論議。其星分布一十二垣，數定乎三十六位。入廟為奇，失度為虛，大抵以身命為福德之本，加以根源為窮通之資。星有同躔，數有分定；須明其生剋之要，必詳乎得垣失度之分。

觀乎紫微，司一天儀之象，率列宿而成垣。土星苟居其垣，豈可移動？金星專司財庫，最怕空亡。帝星動，則列宿奔馳；貪守空，而財源不聚。各司其職，不可參差，苟或不察其機，更忘其變，則數之造化遠矣！

例曰：祿逢沖破、吉處藏凶；馬遇空亡，終身奔走。命逢敗地，發也虛花；絕處逢生，花而不敗。

星臨廟旺，再觀生剋之機；命坐強宮，細察制化之理。

日月最嫌反背，祿馬最喜交馳；倘居空亡，得失最為要緊。若逢敗地，專看扶持之曜，大有奇功。

紫微天府，全依輔弼之功；七殺破軍，專依羊鈴之虐。諸星吉、逢凶也吉；諸星凶，逢吉也凶。

輔弼夾帝為上品，桃花犯主為至淫。君臣慶會、才擅經邦；魁鉞同行，位居台輔。祿文拱命、貴而且富；日月夾財、不權則昌。馬頭帶箭、鎮衛邊疆；刑囚夾印、刑杖惟司。善蔭朝綱、仁慈之長。貴入貴鄉、逢者富貴；財居財位、遇者富奢。

太陽居午，謂之「日麗中天」，有專權之貴，敵國之富；太陰居子，號曰「水澄桂萼」，得清要之職、忠諫之材。

紫微輔弼同宮，一呼百諾居上品；文耗居於寅卯，謂之「眾水朝東」。

日月守，不如照合；蔭福聚，不怕凶危。

貪居亥子，名為「泛水桃花」；刑遇貪狼，號曰「風流綵杖」。

七殺廉貞同位，路上埋屍；破軍暗曜同鄉，水中作塚。

祿居奴僕，縱有官也奔馳；帝遇凶徒，雖獲吉而無道。

帝坐金車，則曰：「金轝捧櫛」；福安文曜，謂之「玉袖天香」。

太陽會文昌於官祿，皇殿朝班，富貴全美；太陰會文昌於妻宮，蟾宮折桂，文章會盛。

祿存守於田財，則堆金積玉；財蔭坐於遷移，必巨商高賈。

耗居祿位，沿途乞食；貪會旺宮，終身鼠竊。

殺居絕地，天年夭似顏回；貪坐生鄉，壽考永如彭祖。

巨暗同居身命疾厄，沉困尪羸；凶星會於父母遷移，刑傷產室。

刑殺同廉貞於官祿，枷鈕難逃；官符夾刑殺於遷移，離鄉遭配。

善福居於空位，天竺生涯；輔弼單守命宮，離宗庶出。

七殺臨於身命，加惡殺，必定死亡；鈴羊合於命宮，遇白虎，須當刑戮。

官符發於吉曜，流煞怕逢破軍。

羊、鈴憑太歲以引行；病符、官府皆作禍；奏書，博士與流祿，盡長吉祥；力士、將軍同青龍，顯其權勢。

童子限如水上浮漚，老人限似風中燃燭，遇殺無制，乃流年最忌。

人生榮辱，限元必有休咎；處在孤貧，數中並無駁雜。學者至此，誠玄微矣！

三、分段解析

斗數至玄至微，玄理難明，雖設問於百篇之中，猶有言而未盡。

解析

開章明義即告訴各位，斗數是不好學的，雖然經過歷代名家的多加註解與賦文闡述，但仍無法交待清楚斗數至玄至微的理論精髓。

這種開場白夠「酷」、也夠「傲」，當然更具「自我吹噓—臭屁」的水準。但真有如其所言：雖設問於「百篇」之中，猶有言而未盡？

如果各位現下手中有《全書》或《全集》的版本不妨可以數它一數，即可證明古人也是很會「膨風」的。

至如星之分野，福禍淺深，壽夭賢愚，貪淫正直，各有所司，不可一概論議。

解析

本段文字的敘述，在語文上就顯得較為誠懇與客觀。畢竟，一個人不論是論其一生運途的變化，或是貧富貴賤與壽夭之徵驗，或是個性性情之表徵，都必須綜合全盤而參研，否則，所得到的論斷結果必然是意料中的——不準確。

其星分布一十二垣，數定乎三十六位。入廟為奇，失度為虛。大抵以身命為福德之本，加以根源為窮通之資。星有同躔，數有分定；須明其生剋之要，必詳乎得垣失度之分。

解析

天道左旋，人道右轉。斗數人事十二宮的設計，乃是依據黃道十二宮的演繹而來。即如五十六頁表所示：

至於文句所言「數定乎三十六」一詞，時下有頗多不同版本的釋義，筆者試列舉一些，供各位參考比較：

⑴三十六位即三六一十八也。包括了南、北斗星系的十四顆主星曜，再加上四顆化星也。

⑵依命盤十二宮之「體」、「相」、「用」而論述，如此即得三十六位也。

⑶原詞句應改為「數定乎六十位。」即斗數依十四正曜組合的「六十星系」而立論。

⑷《全集》版本則載：「數定乎六十三位。」採用此說者不多，可能是出自手民誤植，或排版錯誤所致。在此不多作贅述。

「身命為福德之本，根源為窮通之資。」此句主要是在鼓勵人們多多行善、積

宮位	西洋星座	二十八宿	周天度數
子	寶瓶座	危、虛、女	30°
丑	魔羯座	女、牛、斗	28°
寅	人馬座	斗、箕、尾	28°
卯	天蠍座	尾、心、房、氐	28°
辰	天秤座	氐、亢、角、軫	29°
巳	處女座	軫、翼、張	30°
午	獅子座	張、星、柳	30°
未	巨蟹座	柳、鬼、井	28°
申	雙子座	井、參、觜、畢	28°
酉	金牛座	畢、昴、胃	28°
戌	白羊座	胃、婁、奎	31°
亥	雙魚座	奎、壁、室、危	31°

註一：上表是綜合西洋星座，二十八宿與周天度數而整理。

註二：由於黃道是一橢圓形軌跡，故其周天度數實不足三百六十度。詳細資料可查閱「果老星宗」之解說。

功德。所謂「根源」即宛如我們建造房屋時，所種的地基一般，如想要房屋穩固耐用，那麼地基就非得打得深些且紮實。至於「資」即有評論、評判之意。古文所謂「陰騭能致百福。」實與本文有著相互呼應的效應。

星曜躔宮的得垣，或失度之論，《全集》眉註有云：「生剋，以星言；失度，以宮言。」而文中「數有分定」即是指此而言。至於有關星曜躔宮強弱之表現，筆者已於前章節列表示之，請各位讀者自行翻閱查看即可，在此不多作贅述。

觀乎紫微，司一天儀之象，率列宿而成垣。

解析

本句內容主要是介紹斗數命學的主論架構，主要是藉紫微之帝尊，以及隱喻太極之徵象，而予以闡述人生種種運途之變化。如《論語》云：「北辰遠、而眾星拱之。」其中的「北辰」及北極星、紫微星。又如古籍亦有「中天北極紫微星垣，天星之宸極」之論。

因此，斗數命學藉「紫微」之名，而隱喻其學術之至高無上，且屬於眾命學（列宿）之「率」的心態，由此即可一目瞭然。但，斗數理論所呈現東湊西併、缺殘漏失現象，亦是一個不爭的事實，所以，對於其標榜的理想目標——紫微之象，尚待後世研習者共同的努力鑽研探討，如此，才會有理想實現的一天。

土星苟居其垣，豈可移動？金星專司財庫，最怕空亡。帝星動，則列宿奔馳；貪守空，而財源不聚。各司其職，不可參差，苟或不察其機，更忘其變，則數之造化遠矣！

解析

每一顆星都有其主掌職司的任務，就宛如每一個人都有每一個人的專長與優點一般，如果不按照其專長才能而適用，或是讓他的優點無法盡情的發揮，請問後果會如何？相信不用筆者多說，大家也都可以瞭解體會。為便利各位讀者查閱，筆者特將常用且重要的星曜，以及其所主掌職司的任務整理列表如下：

星曜	化氣	五行	所主掌職司事項
紫微	尊	土	為官祿主。主掌降福、消災解厄。

天機	善	木	為兄弟主。主掌手足、朋友的關係。
太陽	貴	火	為官祿主。主掌父、夫、子之靈動。
武曲	財	金	為財帛主。主掌財之來源狀況。
天同	福	水	為福德主。主掌福蔭、壽命、精神層面。
廉貞	囚	火	為官祿主。主掌事業、道德與野心。
天府	富	土	為田宅主。主掌田宅、財富。
太陰	富	水	為田宅主。主掌精神、田宅與財富。
貪狼	桃花	水木	為福德主。主掌享福、才藝與人際關係。
巨門	暗	水	為福德主。主掌口才、是非。
天相	印	水	為官祿主。主掌權印、且能制廉貞之惡。
天梁	蔭	土	為父母主。主掌福蔭、壽命、制厄解災。
七殺	殺	火、金	為官祿主。主掌事業、魄力。

破軍	耗	水	為官祿主。主掌子女、事業、破壞與建設。
文昌	科甲	金	為掌科甲、考試、才藝。
文曲	科甲	水	主掌科甲、考試、才藝、辨識能力。
天魁	貴	火	主掌氣質、才藝與人際關係。
天鉞	貴	火	主掌氣質、名譽與人際關係。
左輔	貴	土	主掌輔助、度量與氣質。
右弼	貴	水	主掌輔助、度量與懲戒。
陀羅	忌	火、金	主掌護衛、拖延、消沉。
祿存	祿	土	主掌財富、貴爵與壽命。
擎羊	刑	火、金	主掌殺傷、破壞、護衛與危險災厄。
火星	煞	火	主掌突發狀況、魄力、衝勁。
鈴星	煞	火	主掌突發狀況、號令、魄力與護衛。

天馬	變	火	主掌變動、遷移、交通運輸。
天刑	刑	火	主掌肅殺、意外血光。
天空	耗	火	主掌精神層次、創造與不穩定。
地劫	耗	火	主掌消耗、自我消沉與不穩定。
天姚	美	水	主掌嬌嬈美麗、風韻與因色惹災禍。
天殤	耗	火	主掌損耗、夭折死亡。
天使	信息	火	主掌災厄與刑耗。
化祿	祿	土	主掌財富、地位、順遂、如意。
化權	權勢	木	主掌權勢、威望與野心。
化科	名望	水	主掌考試、聲望與才華技藝。
化忌	休咎	水	主掌是非、不順遂與不穩定。
陰煞	邪惡	火	主掌邪惡、無形的禍福與小人。
天哭	刑傷	火	主掌刑厄、喪事與死亡。
天虛	損耗	火	主掌消耗、破損與災危凶禍。

例曰：祿逢沖破，吉處藏凶。馬遇空亡，終身奔走。

原註

假如身、命宮逢祿存，或三合有祿，卻被忌來沖破，乃為凶兆。如限步到於祿存，凶星同聚，亦以為凶也。

假如甲生人，正截路空亡在申，傍空在酉；宜為僧道，餘倣此。

解析

祿者，指祿存與化祿而言。若遇六煞與忌曜同宮或對照者，主吉處亦藏有危機，而且發亦不耐久。至於「祿逢沖破」，即專指化忌來沖而言，尤其是限運逢之，其徵更驗。

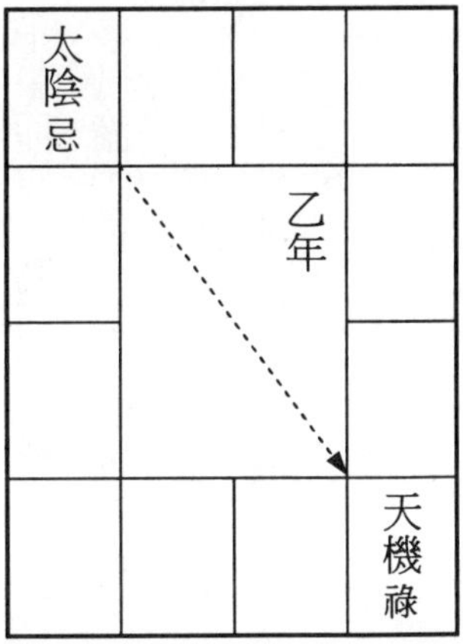

太陰忌
乙年
天機祿

寅午戌年生人
亥卯未年生人
天馬
天馬
天馬位
天馬
天馬
巳酉丑年生人
甲子辰年生人

天馬者，是為變動變遷之意，但「馬」亦有財富之意，如「祿馬交馳」之格局即是。因此，「馬遇空亡」即有整日忙碌奔波，到頭來卻是一無所獲。此格局卻對——僧道，或從事導遊、外務等人員有利。

（註：空曜有截空、天空、旬空等星曜。）

命逢敗地，發也虛花；絕處逢生、花（危）而不敗。

原註

假如土、水人，安命在巳，為絕地，卻得金生在巳，生水不絕，為母來救子之理。凡寅申巳亥為四絕，又為四生。

解析

「敗地」者，即指四桃花沐浴之地，亦即地支子、午、卯、酉而言。因為子是木的敗地，午是金的敗地，卯是火的敗地，酉是水的敗地。《斗數雜論》曰：「如子午卯酉，為四敗之地，主惡，又為桃花地，此四宮安命者，為人必好嫖好酒色，多風流、喜交遊，而飄盪難免。」

「命逢敗地」即是命宮屬於生年納音的沐浴位而言，因此，才會有「發也虛花」、「外強中乾」之徵驗。茲將長生十二神之五行強弱表現如下：

納音五行					
十二神 ＼ 宮位 ＼ 五行 納音	金	木	水	土	火
長生	巳	亥	申	申	寅
沐浴	午	子	酉	酉	卯
冠帶	未	丑	戌	戌	辰
臨官	申	寅	亥	亥	巳
帝旺	酉	卯	子	子	午
衰	戌	辰	丑	丑	未
病	亥	巳	寅	寅	申
死	子	午	卯	卯	酉
墓	丑	未	辰	辰	戌
絕	寅	申	巳	巳	亥
胎	卯	酉	午	午	子
養	辰	戌	未	未	丑

（註：「沐浴」，即敗地；「臨官」，亦稱祿位。）

至於「絕處逢生」的理論，這就是「五行制化」原理的應用。如火本剋金，而得土，即成火生土，土生金之通關引化之局，再如武曲陰金，若屬午宮乃是被剋的現象，但是，若得天府陽土同宮，則會有午火去生天府之土，而天府之土去生武曲的金。由是藉引化通關之原理，即是「絕處逢生」最佳的例證。故其文註亦曰：「五行絕處即是胎元，生日逢之，名為受氣。」

四生亦是四絕地圖示：

金長生 水、土絕地(陰男陽女) 火絕地(陰男陽女) 巳	午	未	水、土同長生 木絕地(陽男陰女) 金絕地(陰男陽女) 申
辰			酉
卯			戌
火長生 木絕地(陰男陽女) 金絕地(陽男陰女) 寅	丑	子	木長生 水、土絕地(陰男陽女) 火絕地(陽男陰女) 亥

星臨廟旺，再觀生剋之機；命坐強宮，細察制化之理。

原註

假如水、土生人，墓庫在辰，若與財帛同度，為「財庫」；與官祿同，為「官庫」；與祿存同，為「天庫」；耗、殺同，為「空庫」；遷移同，為「劫庫」。凡辰戌丑未學四墓庫，此亦屬納音而論。

解析

本句的註解根本與原文無關。原文的意思主要是在解釋星曜與宮位間之強弱表現，以及星曜間之生、剋、制、化的現象。而註文則是闡述墓庫的性質。前者之理論已於上節交代過，至於安命於四墓庫的徵驗，茲舉《斗數雜論》中所云：「辰戌丑未為四墓之地，主刑，亦為孤獨地，此四宮安命者，必外表沉厚而多游移，棄祖離宗、刑剋六親、離鄉遠處為美。」作為註解之最佳例證。

	火墓（陽女陰男）	木墓（陰女陽男）	
水墓（陽女陰男） 土墓（陽女陰男）			金墓（陽女陰男）
木墓（陽女陰男）			火墓（陽女陰男）
	金墓（陽男陰女）	水墓（陽男陰女） 土墓（陽男陰女）	

（註：「墓庫」之意，即隱喻著能量聚藏之處，因此，若是內含有官、印、財三者，那就宛如「人生三寶」——福、祿、壽三全之意象徵驗。）

日月最嫌反背，祿馬最喜交馳。

原註

太陽在申酉戌亥子，太陰在寅卯辰巳午，則日月無輝，何貴之有？然有「日月反背」，而多富貴者，要看本宮三合有吉化拱照，不加權見也。故玉蟾先生嘗曰：「數中議論最精，惟心法在人活變耳！」

解析

太陽，是為火之精；太陰，是為水之精；如若水火相融合且既濟者，其富貴自不在話下；反之，一定會有事倍功半，勞碌無功之徵驗。茲將日月反背之格局附圖於后：（註：圖㈡「日月反背」的格局，如逢化忌者，反成「日月變景」的格局，其徵驗不可與「日月反背」的格局同論。）

再者，「祿馬交馳」者，祿指祿存，馬指天馬而言，此二者定要相互會照，或是同宮，才會有特殊的現象發生。

本格局的重點在「交馳」二字。如果祿馬不交馳的話，其發財祿的現象，可能無法充分地發揮。那麼，怎樣才算是有「交馳」呢？

(1)如果大限命盤的祿馬來沖動生年命盤的祿馬。

(2)如果流年命盤的祿馬來沖動大限命盤的祿馬。

若符合以上其中一項的條件者，即稱為「祿馬交馳」，其徵驗亦如《玉衡經》所云：「祿馬交馳於命，而祿厚官高。」

祿與馬二者均主財富，聲望與地位而言，因此，最喜落於命身宮，財帛宮與官祿宮，方始能發揮其特性的展現，如果是落居於其他宮位，則其所具的特性也就有發揮無門、琵琶別抱與牛馬不相干的表徵。

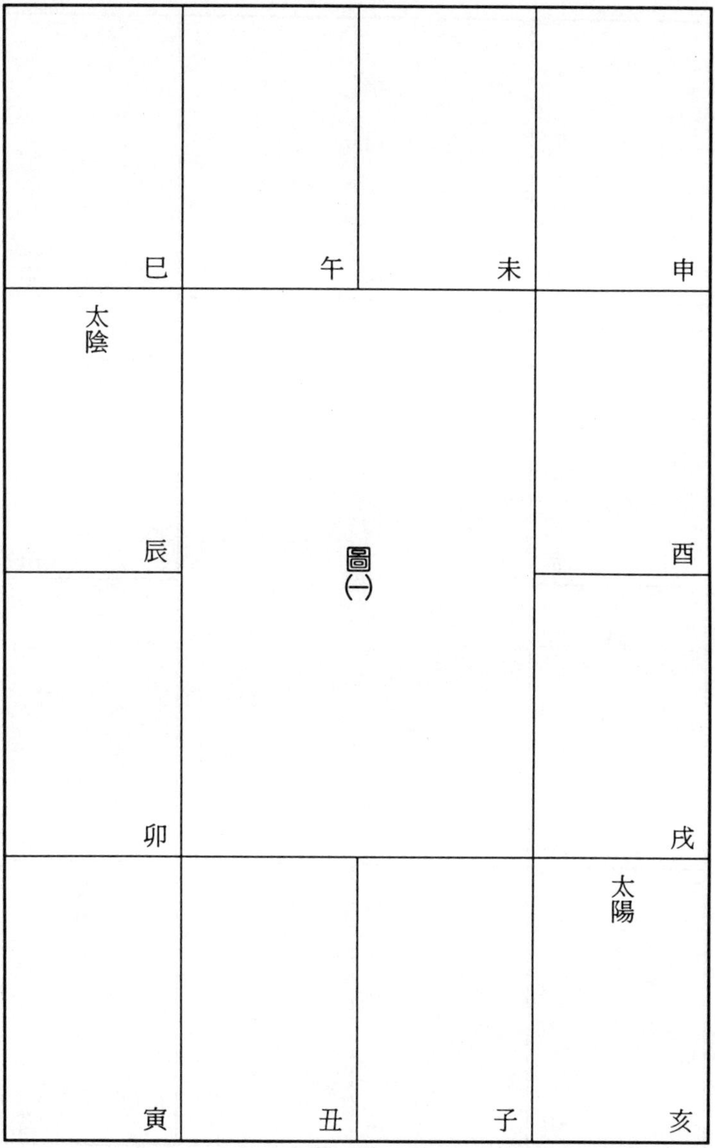

<table>
<tr><td>巳</td><td>午</td><td>未</td><td>申</td></tr>
<tr><td>太陰
辰</td><td colspan="2" rowspan="2">圖(一)</td><td>酉</td></tr>
<tr><td>卯</td><td>戌</td></tr>
<tr><td>寅</td><td>丑</td><td>子</td><td>太陽
亥</td></tr>
</table>

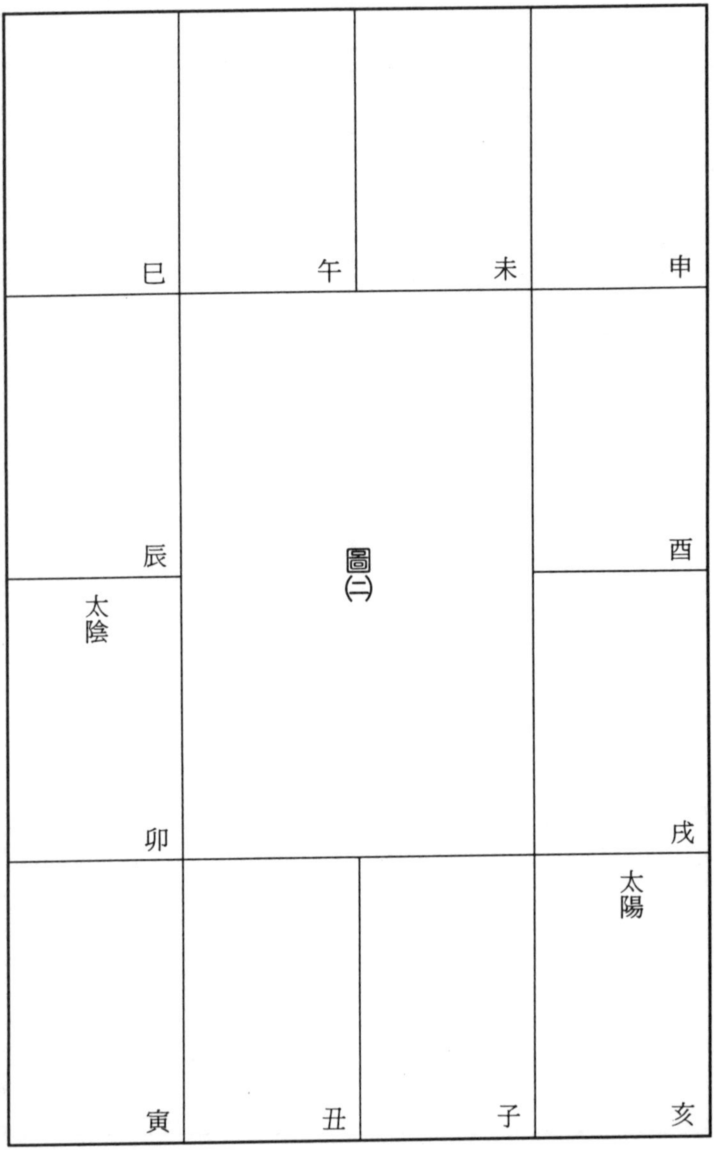

巳	午	未	申
辰	圖(二)		酉
太陰 卯			戌
寅	丑	子	太陽 亥

巳	午	未	祿存 流祿 甲申 命宮
大限命宮 庚辰	坤造、庚年生人 祿馬交馳格		酉
卯			戌
天馬 流馬 戊寅	丑	子	奏書 亥

倘居空亡，得失最為緊要。

原註

假如身命宮，惟「金空則鳴」「火空則發」，二限逢之，反為福論。若「水空則泛」「木空則折」「土空則陷」，為禍矣！

解析

不論是天空、空亡、旬空等星曜，其均具有耗損、短減之意象，因此，最基本的想法就是這些星曜最好都落在「疾厄宮」，畢竟，如果將壞的意象都空亡耗損掉了，那麼，所剩的不就是全部都是好的嗎？其實，本句賦文應承襲上句「祿馬最喜交馳」合併參研才有意義，否則，僅是就單句摘錄而釋義，實亦欠缺對實質人生關鍵要素的論斷。

「旬中空亡」據《協記辨方書》所記載：

歷例曰：旬中空亡者，甲子旬戌亥時，甲戌旬申酉時，甲申旬午位時，甲午旬辰巳時，甲辰旬寅卯時，甲寅旬子丑時。

考原曰：十日為旬，以十干配十二支，自甲至癸而止，餘二辰天干不及，故為「空亡」。如甲子至癸酉，不及戌亥，故甲子旬以戌亥為空，餘倣此。

若逢敗地，專看扶持之曜，大有奇功。

原註

假如命在敗、絕地，又祿存、化祿扶持，反美。

解析

有關敗地，死地與絕地是以生年納音為依據。筆者已於前面有所詳述，各位可逕自翻看查閱。

(1)金——敗於午，死於子，絕於寅。

(2)木——敗於子，死於午，絕於申。

(3)水、土——敗於酉，死於卯，絕於巳。

(4)火——敗於卯，死於酉，絕於子。

註文所謂「祿存、化祿」為扶持之釋義，實在是錯的離譜。因為，若是命、身宮居生年的敗絕之地，則非得星曜的五行來生生年的納音五行，如此，方才有所謂的「扶持」之功效。如破軍化祿，可能有敗家浪蕩子的徵驗。

紫微天府、全依輔弼之功；七殺破軍，專依羊鈴之虐。

原　註

假如命遇紫府，又得輔弼守照，終身富貴；假如身命遇七殺、破軍，又會火鈴守照，有制方可。

解　析

紫微與天府二星，均具有帝王之象，因此，一定要有輔佐之臣，方可顯現出其尊貴之象徵，否則，亦僅主在野孤君，虛有其表而已。因此，賦文中僅言「輔弼」二星，實也太過於狹義，諸如三台、八座、恩光、天貴等，不都也算是輔佐之臣嘛！

再者，「七殺破軍，專依羊鈴之虐。」其實，不僅是羊、鈴而已，其餘的煞忌刑曜均不宜見。如：

「七殺重逢四煞、腰駝背曲陣中亡。」

「七殺羊陀會生鄉，屠宰之人。」

「羊陀七殺限運莫逢，逢之定有刑傷。」

「七殺臨絕地，會羊陀，夭似顏回。」

「破軍羊陀同宮，主有殘疾。」

「破軍刑忌同宮，主有殘疾。」

「貪狼廉貞破軍惡、七殺擎羊陀羅凶；火星鈴星專作禍，劫空傷使禍重重。」

諸如以上凶惡之星相會逢，其作禍為虐的力量自是不可言喻。但七殺、破軍與貪狼三星恆成三合之格局，即所謂的「竹蘿三限」，不論大小二限逢之，該限運必然會有變遷異動之徵驗。

綜觀人生的運途走勢，往往就是取決於此，「衝不衝的出去」的關鍵因素，尤其是處於現今的社會型態中。所以，對於本句賦文的釋義論斷角度，還得配合限運之發揮適當與否。畢竟，人一生的黃金時間不長久，如果不能確切地珍惜與把握，即有「機緣」稍縱即逝的遺憾。

		破軍 紫微 天喜 天貴 恩光 命宮	
武曲 七殺 天福 天官 台輔	戊年生男命 百官朝拱格		
	天魁 文昌 文曲 紅鸞 八座 三台		廉貞 貪狼 祿 封誥

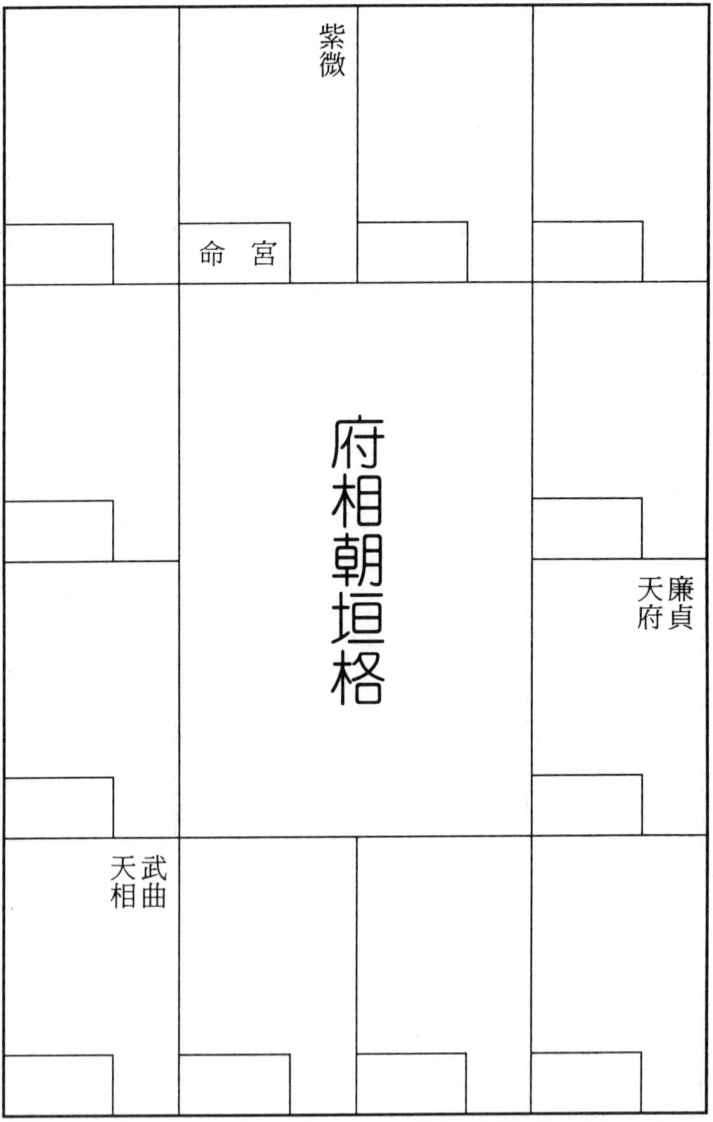

	紫微 命宮		
	府相朝垣格		
			廉貞 天府
武曲 天相			

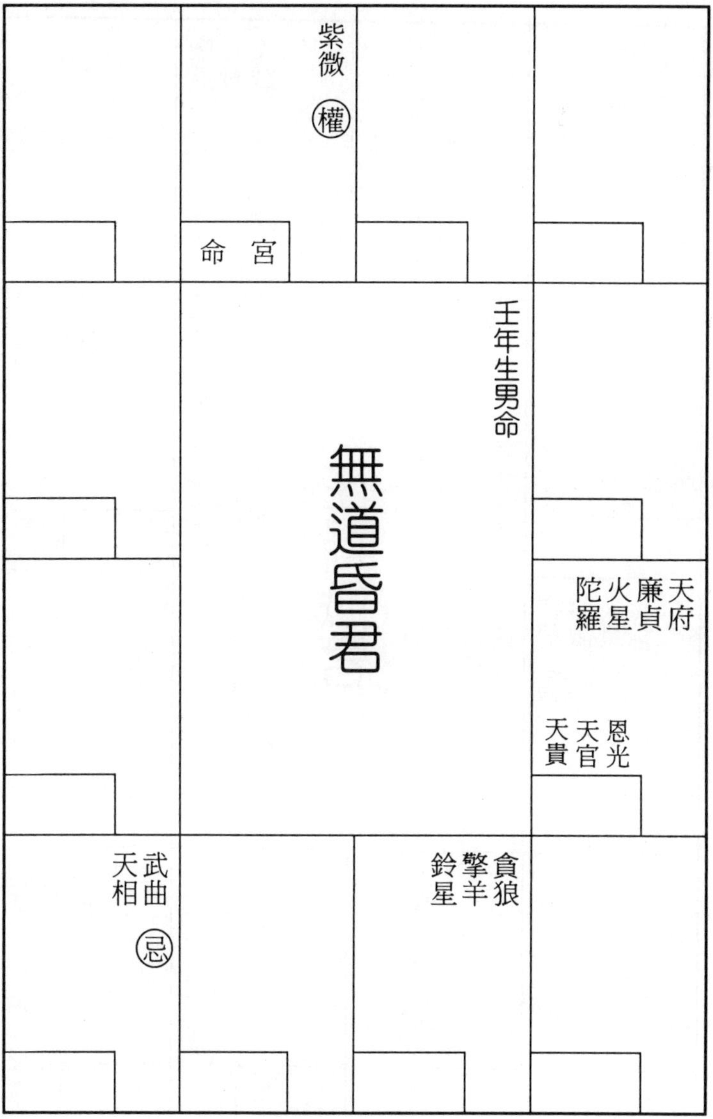

	紫微 ㊔ 命宮		
	壬年生男命 無道昏君		
			天府 廉貞 火星 陀羅 恩光 天官 天貴
武曲 天相 ㊝		貪狼 擎羊 鈴星	

		廉貞 七殺 天鉞	
	戊年生男命 在野孤君		文昌 天空 破碎
貪狼 紫微 火星 祿 命宮			
			破軍 武曲 鈴星 天刑

諸星吉、逢凶也吉；諸星凶，逢吉也凶。

原註

假如三方、身命，但吉多凶少，則吉；凶多吉少，則凶。乃看吉凶星得垣、失陷，與夫生剋制化，以定禍福。

解析

本句文句實乃綜合前面：「祿逢沖破」、「馬遇空亡」、「命逢敗地」、「絕處逢生」、「星臨廟旺」、「命坐強宮」、「日月格局」、「空亡得用」等理論的總評。因此，對於吉凶星的界定標準——得失、生剋，就非得先行瞭解清楚。

輔弼夾帝為上品，桃花犯主為至淫。

原註

假如身命、紫微與貪狼同垣，男女邪淫奸詐，用計施機。若得輔弼夾帝，貪狼受制，則不拘此論。

解析

「輔弼夾帝」的格局，僅會見於丑未二宮。但若紫貪同垣時，必定是一在卯宮，一在酉宮，而此二宮卻永遠也無法有輔弼相夾的現象。

如圖㈠所示之「輔弼夾帝格局」，其命宮一定是紫破同垣，如果各位還不健忘的話，在前章《發微論》有「奸謀頻設，紫微愧遇破軍」，以及《諸星問答篇》紫微部分有云：「紫微若遇破軍在辰戌丑未，主為臣不忠，為子不孝。」之論。兩相對照下，不但前後矛盾，而且論斷徵驗完全相反，因此，對於賦文所言「輔弼夾帝為上品」之說，可能僅是針對輔弼夾帝的格局，有著安定與穩固「破軍」——耗敗破損的性情罷了。

《斗數論命訣》云：

「紫微卯酉宮旺，貪狼同，乙辛生人，甲庚生人，貴不耐久。」

「貪狼卯酉宮利益，紫微同，乙辛己人宜之，財官格。」

紫微星五行屬土，貪狼星五行屬水、木。基於大自然氣數的展現，水、土、木三者，實具有你儂我儂，相互需要與扶持的效應。再加上，紫微星有帝王之表徵，原本就具有「三宮六院七十二妃」之事實現象，而貪狼星又是屬於桃花星曜，兩者同垣合之，其為所欲為的「慾」望顯現，自是不在話下。

但是，各位也不要忘了一件事實，古代帝王的「臨幸」動作，也並非完全是來者不拒的，這除了要拜紫微星本身所具的高傲性情，貪狼星的「有所為而為」的心態，以及「國法」牽制等因素所賜，否則那會有僅是「三宮六院七十二妃」之譜。

其中「國法」，即是指所逢之星曜為吉曜？或是凶煞星？若是逢吉曜，此「淫」就是狹義的僅為肉體上的慾望而言：若是逢凶煞曜，則必有淫亂的事實徵驗。各位實應細心詳辨之。

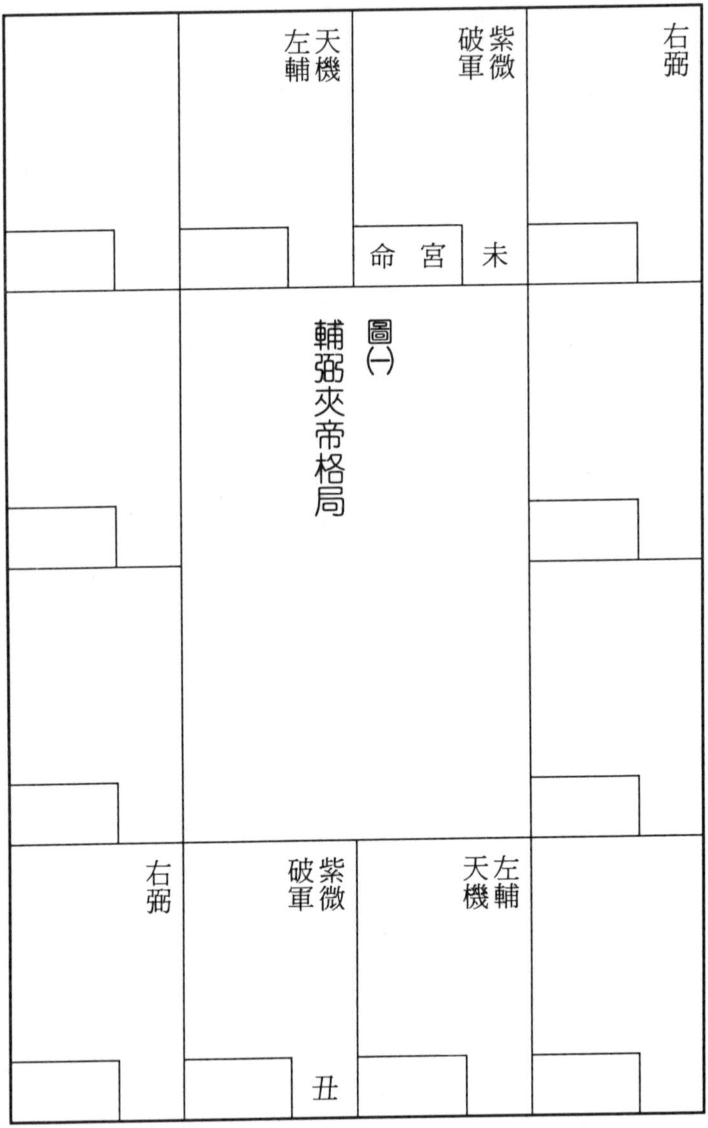

	天機 左輔	紫微 破軍 命宮 未	右弼
	圖(一) 輔弼夾帝格局		
右弼	紫微 破軍 丑	左輔 天機	

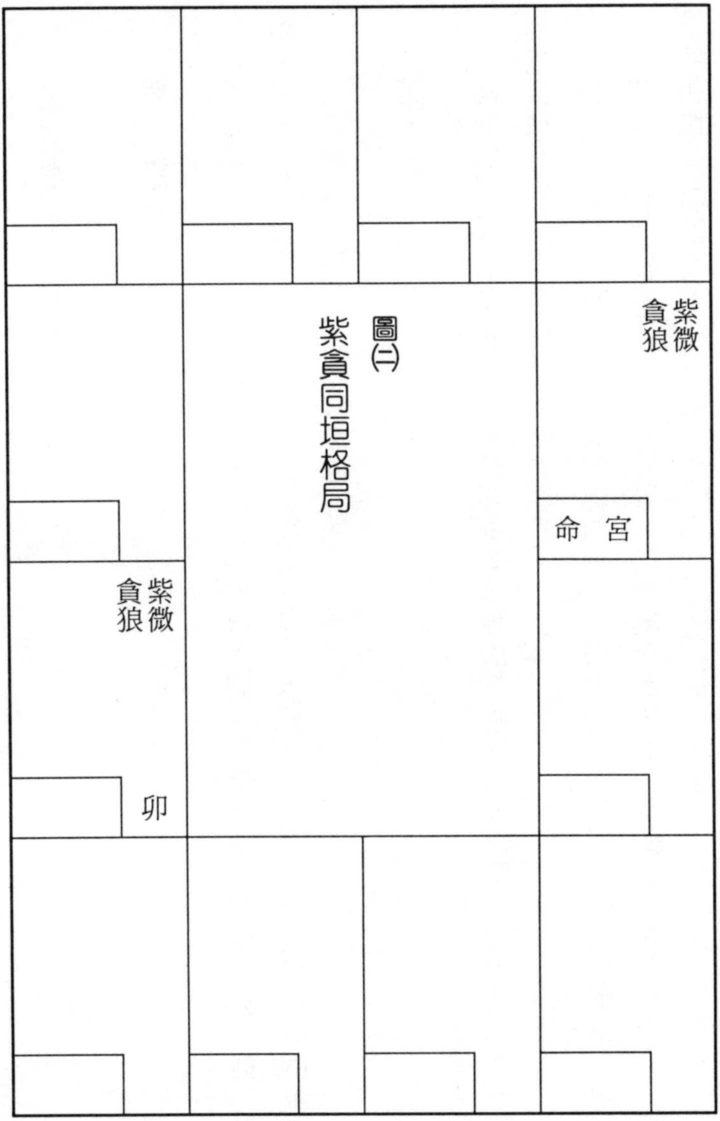

圖(二)

紫貪同垣格局

紫微
貪狼

命宮

紫微
貪狼

卯

君臣慶會，才擅經邦。

原註

假如紫微守命，得天相、昌、曲，天府得天同、天梁相助，紫微得夾，為「君臣慶會」，逢之無不富貴。但有金星與刑、忌四煞同度，謂之「奴欺主」「臣蔽君」，反為禍亂，如安祿山之命是也。

解析

前面已有敘述過，紫微帝星最喜歡有輔佐的星曜同垣或會照，文中的「君」，即指紫微星；「臣」，即是輔佐的星曜。

註文謂「但有金星與刑、忌四煞同度」一句中的「四煞」二字，疑應是「囚耗」之竄改，因為囚指廉貞、耗為破軍，如此配合其後所附安祿山命盤之例證，方有前呼後應之對照效果。

<table>
<tr>
<td>天同 陀羅
命馬
己巳
疾厄宮</td>
<td>天府 武曲 祿存
祿
庚午
財帛宮</td>
<td>太陽 太陰 擎羊 火星 華蓋
天姚
36～45
辛未
子女宮</td>
<td>貪狼 天鉞 鈴星 天空 截空
權
紅鸞 孤辰
26～35
壬申
夫妻宮</td>
</tr>
<tr>
<td>破軍 右弼
寡宿
戊辰
遷移宮</td>
<td colspan="2" rowspan="2">己未年七月初七戌時生
陰男 山頭火六局
安祿山之命
丁酉年正月十九日故
享年39歲</td>
<td>天機 巨門 地劫
空亡
16～25
癸酉
兄弟宮</td>
</tr>
<tr>
<td>丁卯
奴僕宮</td>
<td>紫微 天相 左輔
6～15
甲戌
命宮</td>
</tr>
<tr>
<td>廉貞 文曲 天馬 天喜 陰煞
忌
丙寅
官祿宮</td>
<td>天虛 地空
丁丑
田宅宮</td>
<td>七殺 文昌 天魁
丙子
福德宮</td>
<td>天梁
科
天哭
乙亥
父母宮</td>
</tr>
</table>

〈古批〉：

「紫府加會，雙祿朝垣，左右拱照，無不富貴。只嫌紫破居於辰、戌，鈴星同位，寅方見忌（文曲於官祿宮化忌，且與廉貞同宮），主為臣不忠。流年酉，行未地流羊，巨門又化忌，小限天傷、天刑，主凶亡。」

陳岳錡先生（鐵板道人）對於此句賦文之註解甚佳且精闢，其註云：「紫微以左、右為相，天相、昌、曲為從，以魁、鉞為傳令，天府為帑藏，祿、馬為掌爵之司；此數星會合身、命垣，無煞沖破，乃『君臣慶會』之格，主有極品之貴。」

另，《全書》中亦有附王莽之命作為例證，茲就其命盤摘錄附示於后，供為參考。

天梁 13～22 己 父母宮 巳	七殺 左輔 23～32 庚 福德宮 午	天魁 紅鸞 寡宿 33～42 辛 田宅宮 未	廉貞(祿) 右弼 截空 43～52 壬 官祿宮 申
紫微 天相 文曲 華蓋 3～12 戊 命宮 辰	王莽之命 甲申年三月初九子時生 陽男 大林木三局	癸未年九月十二日故 享年60歲	53～62 癸 奴僕宮 酉
天機 巨門 擎羊 天姚 丁 兄弟宮 卯			甲 遷移宮 戌
貪狼 祿存 火星 天虛 命馬 月馬 丙 夫妻宮 寅	太陽(忌) 太陰 天鉞 陀羅 天喜 丁 子女宮 丑	武曲(科) 天府 丙 財帛宮 子	天同 孤辰 地空 地劫 天刑 乙 疾厄宮 亥

〈古批〉：

「科權祿拱，名譽聲揚，紫破辰、戌，為臣不忠，篡漢之位是也。且申人忌見火、鈴，五十三大限入戌，遇火鈴、地網重併。小限天殤遭刑傷而亡。」

魁鉞同行，位居台輔；祿文拱命，貴而且富。

原註

假如魁鉞守身命，兼得權、祿、昌、曲吉曜來拱，無不富貴。但有刑、忌相沖，則平常，只宜僧道。

解析

天魁與天鉞二星根本沒有同宮的機會，只能有：天魁守命，會天鉞；或是天鉞守命，會天魁。

古籍云：「魁鉞文星守貴榮，何愁金榜不題名；若然凶象無星救，痼疾煙霞耳目寧。」這裡所謂的「文星」即是指文昌、文曲而言。

魁鉞二星是屬六貴星，主掌考試科甲、文學與人際關係，依賦文所言，即可位居台輔，可能嗎?但若再配合註文權、祿、文星者，要得名利雙收的機會就較具可能性了。

魁鉞見刑煞忌星的效應，亦有所分別的徵驗。如魁鉞逢空劫，主科舉考試不中、失第，因此，或較易有山林隱逸，林泉冷淡的傾向;但若遇羊鈴者，則是主痼疾之應。

再者，「祿文拱命」的格局其實是得化權、化祿、化科與昌曲的組合，然而古人基於歌賦體裁的限制，故將「化權」省略未提，實有欠妥當之處，但還好，其於註文中有所彌補。

「祿權科」三者，是為「三奇」的格局，如此地「三奇相會」結構，再加上文星的搭拱，其功名富貴之徵驗自是不在話下。但若見刑忌沖破，則反主富貴無望，功名失利或懷才不遇等徵象。

		天鉞 命宮	
	甲年生陽男　土五局 魁鉞同行見刑煞忌		
太陽(忌) 天梁 擎羊 鈴星			
	天同 巨門 天魁 火星 陀羅		太陰 地劫 地空

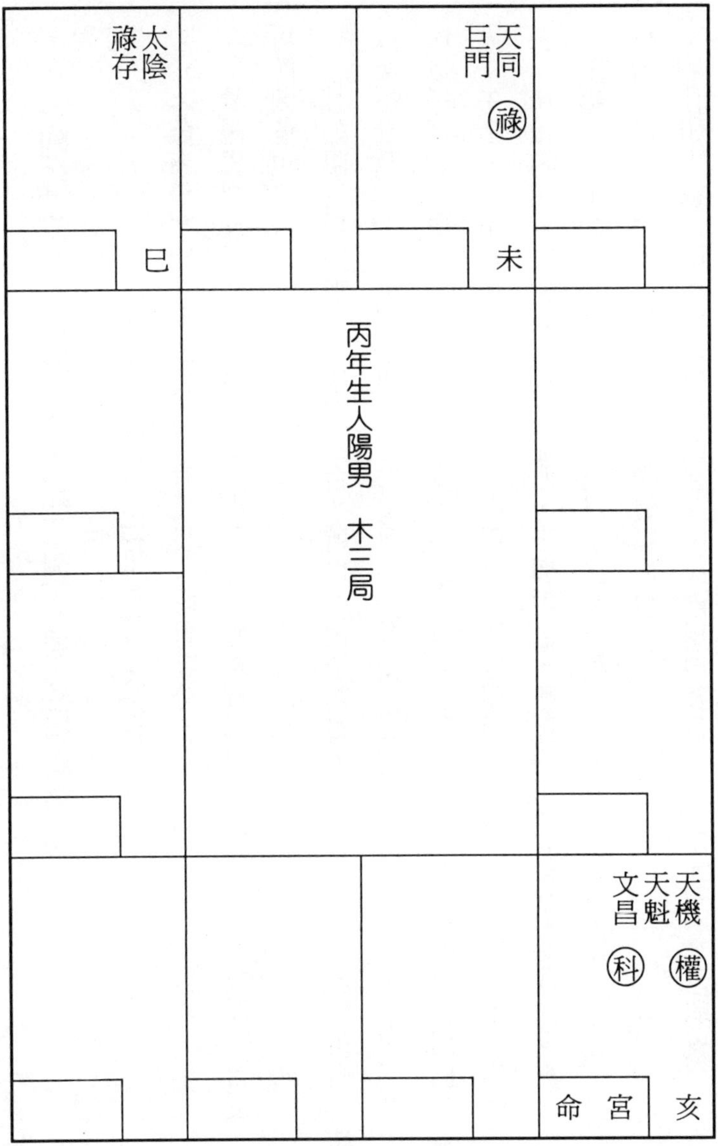

太陰 祿存 巳		天同 巨門 ㊗祿 未	
	丙年生人陽男 木三局		
			天機 天魁 文昌 權 科 命宮 亥

〈附錄一〉：天魁、天鉞二貴人星之資料考證

——摘錄《協紀辨方書》天乙貴人

《蠡海集》曰：天乙貴人當有陽貴、陰貴之分。

蓋陽貴起於子而順，陰貴起於申而逆。此神實導陰陽配合之私。故能為吉慶，可解凶危也。

且如陽貴以甲加子，甲與己合，所以己用子為貴人；以乙加丑，乙與庚合，所以庚用丑為貴人；以丙加寅，丙與辛合，所以辛用寅為貴人；以丁加卯，丁與壬合，所以壬用卯為貴人；辰為天罡，貴人不臨；以戊加巳、戊與癸合，所以癸用巳為貴人；午衝子原不數；以己加未，己與甲合，所以甲用未為貴人，以庚加甲，庚與乙合，所以乙用申為貴人；以辛加酉，辛與丙合，所以丙用酉為貴人；戌為河魁，貴人不臨；以壬加亥，壬與丁合，所以丁用亥為貴人；子原宮不數；以癸加丑、癸與戊合，所以戊用丑為貴人；此乃陽貴順取也。

且如陰貴以甲加甲，甲與己合，所以己用申為貴人；以乙加未，乙與庚合，所

以庚用未為貴人；以丙加午，丙與辛合，所以辛用午為貴人；以丁加巳，丁與壬合，所以壬用巳為貴人；辰為天罡，貴人不臨；以戊加卯，戊與癸合，所以癸用卯為貴人；寅衝申原不數；以己加丑，己與甲合，所以甲用丑為貴人；以庚加子，庚與乙合，所以乙用子為貴人；以辛加亥，辛與丙合，所以丙用亥為貴人；戌為河魁，貴人不臨；以壬加酉，壬與丁合，所以丁用酉為貴人；申原宮不數；以癸加未，癸與戊合，所以戊用未為貴人；此乃陰貴遂取也。

古云：丑未為天乙貴人出入之門，緣陽貴以甲起子，循丑順行，至癸復歸於丑，陰貴以甲起甲，由未逆行，至癸復歸於未，豈非丑未為貴人出人之門乎？

曹震圭曰：天乙者，乃紫微垣左樞傍之一星，萬神之主掌也。一曰二者，陰陽分治內外之義也。辰戌為魁罡之位，故貴人不臨。戊以配中央之位，乃勾陳后宮之象，故與甲同其起例；以丑乃紫微後門之左陽界之辰也，未乃紫微南門之右陰界之辰也；甲者，十干之首，故陽貴以甲加丑逆行，甲得丑、乙得子、丙得亥、丁得酉、己得申、庚得未、辛得午、壬得巳、癸得卯，此晝日之貴也。陰貴以甲加未順行，甲得未、乙得申、丙得酉、丁得亥、己得子、庚得丑、辛得寅、壬得卯、癸得巳，

此暮夜之貴也。戊以助甲成功，故亦得丑未。若六辛之獨得寅午，則自然所致，更無疑矣！

《通書》云：郭景純以十干貴人為吉神之首，至靜而能制群動，至尊而能鎮飛浮，以其為坤黃中通理，乃貴人之德，是以陽貴人出於先天之坤而順，陰貴人出於後天之坤而逆；天干之德未足為貴，而干德之合氣乃為貴。

先天坤卦在正北，陽貴起於先天之坤，故從子起甲，甲德在子，氣合於己，故己以子為陽貴，以次順行；乙德在丑、氣合於庚；丙德在寅，氣合於辛；丁德在卯，氣合於壬；辰為天羅，貴人不居，故戊誇在巳，氣合於癸；午與先天坤位相對，名曰「天空貴人」，有獨無對，故陽貴人不入於午；己德在未、氣合於甲；庚德在申、氣合於乙；辛德在酉、氣合於丙；戌為地網，貴人不屬，故壬跨在亥、氣合於丁；子坤位，貴人不再屬，故癸誇在丑、氣合於戊，是為陽貴起例：

後天坤卦在西南，陰貴起於後天之坤，故從申起甲。甲德在申，氣合於己，故己以申為陰貴，以坎逆行。乙德在未，氣合於丙；丙德在午，氣合於辛；丁德在巳，氣合於壬；辰為天羅，貴人不居，故戊跨在卯，氣合於癸；寅與後天坤位相對，名曰天空貴人，有獨無對，故陰貴人不入於寅；己德在丑，氣合於甲；庚德在子，氣合於乙；辛德在亥，氣合於丙；戌為地網，貴人不居，故壬跨在酉，氣合於丁；申坤位，貴人不再居，故癸跨在未，氣合於戊，是為陰貴起例：

《考原》曰：曹氏與通書二說各有意義，但曹氏則以陽為陰，以陰為陽。夫陽順陰逆，陽前陰後，自然之理也。當以起未而順者為陽，起丑而逆者為陰方是。按貴人云者，干德合方之神也，何以不用干德，而用其合干德體也，合則其用也，合干之德，其所用必大吉矣！故以貴人名之合方之論，考歷書所載審矣，而曹震圭陰陽順逆倒置者，則世俗並如其說，考其根原則以元女經有旦大吉、夕小吉之文故也。然其理良不可通，則亦未得元女經有其文而可遽信也，且大小二字易為淆偽，安知非淺學之人轉以俗說，改竄元女經，遂傳刻襲謬耶？至其晝夜之分，則或以卯酉為限或以日出入為限，今考其義，自當以日出入為定也。

戊合癸 巳	天空 午	己合甲 未	庚合乙 申
天羅 辰			辛合丙 酉
丁合壬 卯			地網 戌
丙合辛 寅	乙合庚 癸合戊 丑	甲合己 子	壬合丁 亥

<table>
<tr><td>丁合壬
巳</td><td>丙合辛
午</td><td>乙合庚
癸合戊
未</td><td>甲合乙
申</td></tr>
<tr><td>天羅
辰</td><td colspan="2" rowspan="2"></td><td>壬合丁
酉</td></tr>
<tr><td>戊合癸
卯</td><td>地網
戌</td></tr>
<tr><td>天空
寅</td><td>己合甲
丑</td><td>庚合乙
子</td><td>辛合丙
亥</td></tr>
</table>

〈附錄二〉

茲將時下有關魁、鉞二星的排列法則歌訣整理如下：

(1)甲戊庚牛羊，乙己鼠猴鄉，
丙丁豬雞位，壬癸兔蛇藏，
六辛逢馬虎，此是貴人方。

(2)戊庚甲牛羊，己乙鼠猴鄉，
丙丁雞豬位，壬癸兔蛇藏，
六辛逢虎馬，天乙玉堂方。

(3)甲戊尋牛羊，乙己鼠猴鄉，
丙丁豬雞位，壬癸兔蛇藏，
庚辛逢虎馬，此是貴人方。

日月夾財，不權則富；馬頭帶箭，鎮衛邊疆。

原註

假如日月夾財帛，命宮又得吉曜相扶，則富貴全美；加羊陀刑忌沖，僧道宜之，俗人則不為美也。

假如午宮安命，遇有天同、擎羊，丙、戊逢之，化吉。唯以羊刃立命，以為美論，富貴皆可許也，只不耐久。

解析

「日月夾財」的格局有二種：

其一為太陽在子午宮，天機、太陰屬寅申宮。所夾為天府。其二為太陽、巨門在寅申宮，太陰、天同在子午宮，所夾者為武曲與貪狼。

如圖示：

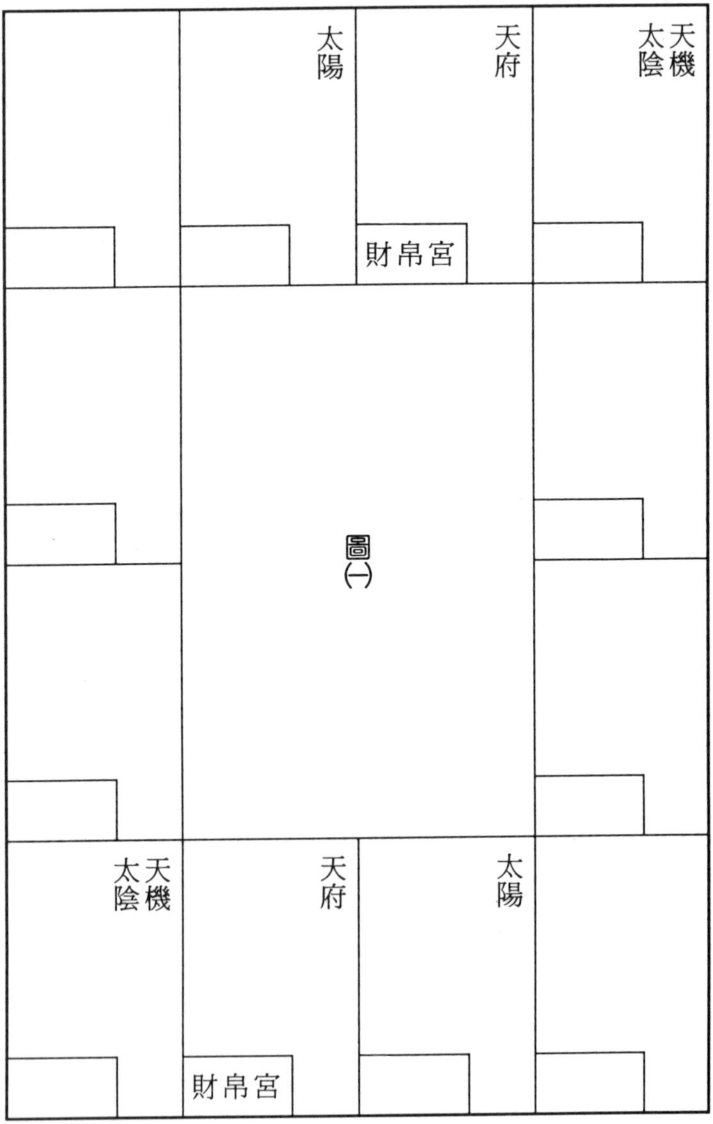

	太陽	天府 財帛宮	天機 太陰
	圖(一)		
天機 太陰	天府 財帛宮	太陽	

	太陽	天府 命宮	天機 太陰
	圖(二)		
天機 太陰	天府 命宮	太陽	

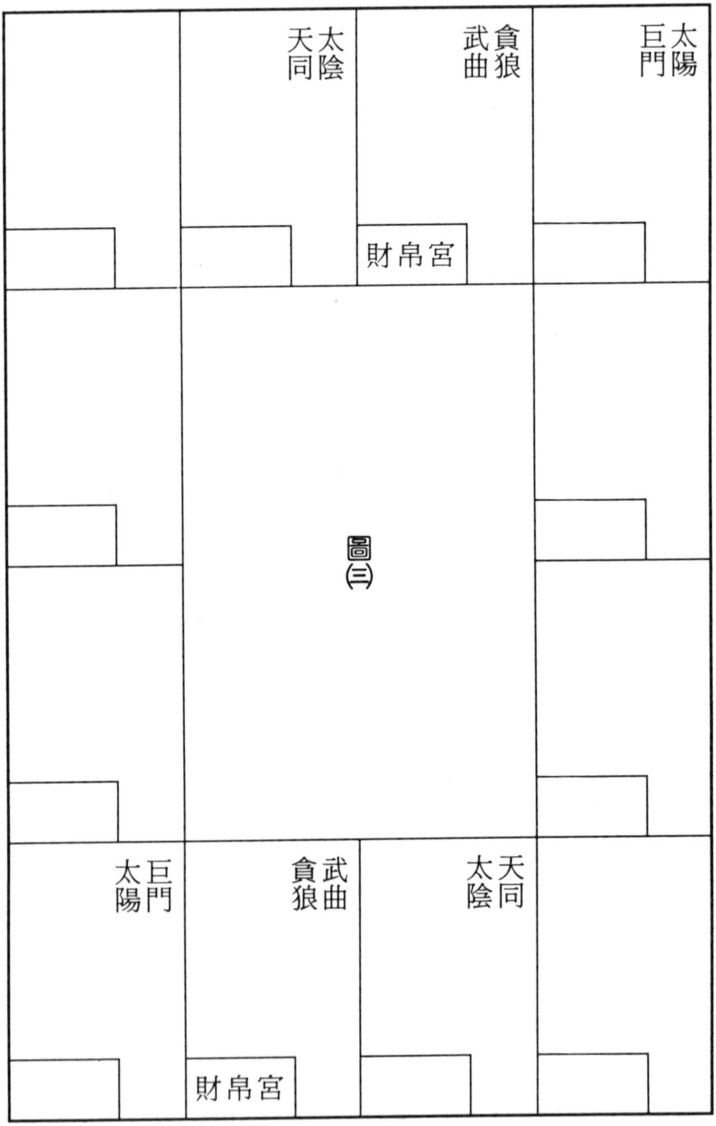

	太陰 天同	貪狼 武曲 財帛宮	太陽 巨門
	圖(三)		
巨門 太陽	武曲 貪狼 財帛宮	天同 太陰	

太陰			武曲 天相 命宮
天府 廉貞 財帛宮	借對宮星 圖(四)		太陽 天梁
	財帛宮		

由圖㈠～㈣所舉的日月夾財格局而言，僅是眾多例證中幾例，但若要成就「權富雙全」，那就非得日月夾命且有天府坐守的格局，方始成立。

陳岳錡先生於其所著《正統飛星紫微斗數》一書中有很精詳的註云：「太陽乃官祿之主，主貴；而太陰乃財帛之主，主富。二星夾命於旺地，主財權皆隆。如人立命未宮，天府坐宮，太陽居午，太陰在申，前後相夾；及立命丑宮，武曲、貪狼守命，太陽、巨門在寅，太陰、天同屬子，前後來夾，無煞沖破命垣，均是富貴雙全。至若太陽，巨門在申，太陰、天同居午之陷地，夾未宮武，貪之命垣，若午命無吉，均是虛名虛利，或富而不貴；及天府在丑、太陽在子、太陰在午來夾，亦作此論。」

另，中州派王亭之先生對此格局更是有嚴格的限制，如云：「唯以午宮的太陽與申宮的『機月』夾天府，而『機月』任一星又化祿，然後始稱為『日月夾財』，且天府應該在命宮，蓋天府即為財庫也，不指財帛宮而言。天府無祿，亦主有財。」如圖示：

巳	太陽 午	天府 命宮 未	太陰 忌 天機 祿 申
辰	中州派之「日月夾財格」 乙年生人		文昌 天空 破碎 酉
貪狼 紫微 祿存 財帛宮 卯			戌
寅	丑	子	亥

據筆者手頭上現有的資料，「馬頭帶箭」的格局於諸書中，均有著不同的觀點與立論，但據多年的論命經驗，此格局所表徵的徵驗信號還真是得視其人所從事的行業，以及其對工作歷程所持的心態與環境的影響綜合參看印證，如此，才不致有「牛頭不對馬嘴」的誤判現象。因為「馬頭帶箭」所代表的意象，除了一般地意外刑傷之徵象外，亦有威嚴、權勢的象徵。

茲將各名家所持之立論觀點摘錄，供各位於研習上多一份參考與研習的資料：

⑴潘子漁先生：「諸頭帶箭」。

任何一宮，只要有羊或陀，都稱「XX帶箭」。另若本宮無羊、陀，對宮有，也算「帶箭」。

⑵王亭之先生：

正格：丙年擎羊在午，祿存在巳，遷移宮見天同化祿。

反格：丙年天同、太陰在午，與擎羊同度，且又天同有化祿。

別格：戊年貪狼化祿在午，且與擎羊同度。

「鎮衛邊疆」的徵驗，僅是「正格」成立。

(3)陳岳錡先生：

註云：「福星居午，當有太陰同宮，本是陷地、主飄泊，故曰邊疆。而丙年生人，化祿入命，事業機、梁廟地，化權再合；及戊年生人，擎羊入命，有化權，且有雙祿來夾、擎羊反為我用，主武職榮顯。此格名『馬頭帶箭』，若無吉多來扶，多不善終。尤以丙午及戊午年生人，為最吉。」

除了以上各家之言論外，另附古籍所載的相關命盤參考：

〈古註〉

馬頭帶箭，鎮衛邊疆，權祿生逢，財官雙美。二十四歲後，限行吉地，位登九五、直到五十四大限、入於地劫之宮、小限天殤不吉、損壽。

刑囚夾印、刑杖惟司；善蔭朝綱，仁慈之長。

原註

假如身命有天相，卻被羊、貞夾之，主人逢官司，受刑杖。終身不能發達，只宜僧道。

假如機、梁二星守身命在辰、戌宮，兼化吉相助，以為富貴。如刑忌耗殺，僧道宜之。

解析

「刑囚夾印」賦文中的「刑」是指擎羊，「囚」是指廉貞，「印」是指天相。但若依安星法訣、廉貞星與天相星絕不可能會處於相鄰宮位的情形，由是之故，天相自是沒有被廉貞、擎羊加夾交侮的道理。

王亭之先生更認為「刑『囚』夾印」實為「刑『忌』夾印」之誤傳，因為天相有被天梁、巨門所夾的事實，基本上，將天梁視之為「刑」，巨門視之為「忌」，一旦刑忌沖起，此「刑忌夾印」的格局遂告成立。

另外，亦有些斗數名家認為「刑囚夾印」的格局，是指天相、擎羊與廉貞同宮而言，可是，如此一來與賦文所謂的「夾」字，就好像有所違背且意義完全不同。再者《諸星問答論》天相篇所云：「雖佐日月之光，兼化廉貞之惡，身命得之而榮耀，子息得之而嗣續昌，十二宮中，皆為祥福，不隨惡而變志，不因殺而改移。」而擎羊亦只是一種武器，殺氣之徵象，其所表現的好與壞，則完全視所執用者如何而定。因此，若是以三星同宮的觀點論之，實無如註文所云：「主人逢官非，受刑杖。」之慮。

所以，對於王亭之先生所更正之言論，筆者亦有同感，茲將其講義中「刑忌夾印」的格局摘錄如下，供作參考：

漢光武之命例

丙辰年六月初一丑時生

陽男 砂中金四局

命主：破軍

身主：天機

丁巳年二月初二故

享年60歲

巳	午	未	申
天府 右弼 文曲 祿存 孤辰 月馬 空亡 天空 癸巳 兄弟宮	天同 太陰 擎羊 祿 4～13 甲午 命　宮	武曲 貪狼 14～23 乙未 父母宮	太陽 巨門 24～33 丙申 福德宮
陀羅 陰煞 截路 華蓋 壬辰 夫妻宮			天相 左輔 天魁 文昌 科 34～43 丁酉 田宅宮
廉貞 破軍 火星 忌 辛卯 子女宮			天機 天梁 權 地空 天虛 44～53 戊戌 官祿宮
命馬 天哭 天刑 庚寅 財帛宮	寡宿 辛丑 疾厄宮	地劫 庚子 遷移宮	紫微 七殺 天鉞 鈴星 天殤 紅鸞 54～63 己亥 奴僕宮

巨門 陀羅 ㊌忌 巳	廉貞 天相 祿存 命宮 午	天梁 擎羊	命宮
			太陽

丁年生人

刑囚夾印在午，每六年有官非。

「善蔭朝綱」格局中的「善」，是指天機星，「蔭」是指天梁星，

再試觀此二星之性情，《諸星問答論》天梁篇云：「於入命，則性情磊落；於相貌，則厚重溫謙，循直無私，臨事果決；蔭於身，福及子孫。」又歌曰：「若逢天機照，僧道享山林；二星在辰戌，福壽不需論。」另天機篇云：「於入命，逢諸吉咸集，則萬事皆善。……或守於身，更逢天梁，必有高藝隨身。」又希夷先生曰：「若見七殺、天梁，當為僧道之清閑。」

綜合以上二星的性情：天機性仁，天梁性慈，若付諸於人命而演繹，相信其人必定是一個性情敦厚穩重，且道德品格高尚受人敬仰的人物。至於「守身命」或是「朝綱」之立論，倒是沒有多大的徵驗影響，只是若逢刑忌殺耗的話，則其人會有對現實的價值觀，或是追求物質的欲望，全部昇華而轉為精神層次的追求與寄託，因此，賦文中才會有「只宜僧道」的見解與立論。

其實，所謂的「僧道之命」，並不見得非得為僧、為道方始認定，這只不過是一種借喻之詞，如佛家藉「菩提、明鏡與空台」而釋義「諸法空相」，以及人生「四大皆空」的意境一般。

所謂「人生如夢，夢如人生」，古人藉著命理的意象而做為勸化世人的立意與用心，實在亦讓吾輩感佩莫名！

貴入貴鄉、逢者富貴；財居財位，遇者富奢。

原註

假如身命遇有貴人，又兼吉曜、權、祿來助，逢之無不富貴。限遇之，亦主發福。

假如紫微、天府、武曲居於財帛之宮，又兼化權、祿及祿存，必主富奢。二限若逢之，主發財。

解析

古今對於富貴的觀念認定有著實質上的差異，例如古代所謂的「貴」，大都指著科舉為官而言，但現代對於「貴」的認定，卻是多方面且沒有範圍所限，只要你的能力與才華、學問甚至經驗有著傑出的表現時，均可視為貴的表徵。至於「富」的時代背景定義之差異，也具有相同的演繹現象。

「貴鄉」之於斗數是指著官祿宮而言。但是，「貴星」卻僅針對著天魁與天鉞二星，這實在是太過於狹義的解釋，因為，諸如紫微、天相、左輔、右弼、文昌、文曲等星曜，哪一顆不是具有「貴星」的特性與特徵，但是，若要顯現其名副其實的「貴」象，還必須有入身、命、官祿宮有化祿、權、科，廟旺的事實條件。這就是「貴入貴鄉」所要符合資格的最基本的條件。

「財鄉」即是只財帛宮而言，只要是具備財星象徵的星曜入身、命、財帛宮且化祿、權，廟旺者，均有「富」的顯現事實。

太陽居午，謂之「日麗中天」，有專權之貴，敵國之富；
太陰居子，號曰「水澄桂萼」，得清要之職，忠諫之材。

原註

假如身命坐於午宮，遇有太陽，庚、辛生人，日生時者，富貴全美。女人逢之，旺夫益子，封贈夫人。假如身命坐於子宮，遇有太陰，丙、丁生人，夜生時者，富貴全美，心無私曲，有忠諫之材。

解析

「太陽在午，謂之『日麗中天』」，文字的意象是正確無誤，但於氣數上的演繹卻不如屬巳宮的太陽有發展的空間，因為子、午、卯、酉四宮有敗位之稱，再加上太陽本主貴，除非見祿，否則不能稱為富貴雙美的格局。因此，本格局最好的祿曜與文曜併見，如此，才能完全發揮其星系組合富貴的特性。故註文曰：「庚、辛生人，富貴全美；女人逢之，旺夫益子，封贈夫人。」

於一般的認知：太陽主貴，太陰主富；何以賦文卻以「水澄桂萼」主貴之意象言之?關鍵即在丙、丁生人具備了「陽祿昌梁」主科舉官貴的格局，故亦難視為「得清要之職、忠諫之子」了。當然，其中所謂的「清要」與「忠諫」二句，也必須先要有官貴之位方始可論，否則，一般平民百姓就算是學比干「剖心」的直諫與示忠，其結果如何，相信不用筆者多說，各位必也瞭然於心了。

武曲 破軍 陀羅 ㊗祿	太陽 文昌 祿存 命宮	天府 擎羊	天機 太陰 文曲 天鉞 忌 福德宮
天同	辛年生陰男 土五局		紫微 貪狼 火星 權
	命主：破軍 身主：天機		巨門 鈴星
右弼	廉貞 七殺	天梁 左輔 天魁 科	天相

紫微 七殺 陀羅	祿存 文曲	擎羊	文昌
天機 天梁 左輔 (科)	乙丑年生陰男 木三局		廉貞 破軍 右弼
天相 火星	命主：貪狼 身主：天機		右弼 鈴星
太陽 巨門 (忌)	武曲 貪狼	天同(權) 太陰(祿)	天府 天魁

紫微輔弼同宮，一呼百諾居上品；文耗居於寅卯，謂之眾水朝東。

原註

假如紫微守於身命，有左右同宮來扶持，富貴，以為終身全美之論。

假如身命屬寅卯，遇昌、曲、破軍，卻有刑殺沖破，一生驚駭；限步到此，須逢吉，則平，遇凶，更不吉，終身辛苦，費心勞力。

解析

本賦文是針對著「紫破」的格局而論，然而，紫微與破軍同宮，古文有「為臣不忠、為子不孝」之論，故一定還得輔弼「穩重寬厚」的性情，方可解其叛逆與暴戾之氣。如圖㈠示。

「文耗」，文者，文曲也；耗者，破軍也。「眾水朝東」有耗損敗散之意。因此，「文耗」的組合大都有驚險重重、眾叛親離之象，除非見破軍化祿，或是祿存，方有破壞後重建之新氣象，而不改終身費心勞力了。如圖㈡示。

（註：古命盤以天同化忌）

廉貞 貪狼	巨門	天相 陀羅 天鉞	天同 天梁 祿存 ㊇忌
太陰 ㊇科	圖(一) 庚年生陽男 火六局 命主：巨門 身主：天梁		武曲 七殺 擎羊 ㊇權
天府 鈴星			太陽 ㊇祿
文曲	紫微 破軍 左輔 右弼 天魁 火星 命宮 丑	天機 文昌	

天府	天同 太陰 ㊖科	武曲 貪狼 ㊖忌	太陽 巨門 ㊖權
	圖(二) 庚年生陽男 火六局 命主：巨門 身主：天梁		天相
廉貞 破軍 左輔 文曲 ㊖祿 卯 命宮			天機 天梁
	擎羊	祿存	紫微 七殺 右弼 文昌 陀羅

日月守、不如照合；蔭福聚、不怕凶危

原註

假如日月守身、命，雖會吉曜，不為全美；如逢凶星，定有凶災。如是三合於命，兼化吉，以為美也。

蔭福，即天梁、天同，如在身、命各逢吉，不怕凶災，便有刑、忌，不論也。

解析

日月守命的格局僅有丑、未宮成立，然遺憾地，若太陽明則太陰必暗，若太陰明則太陽必暗，可謂難以兩全其美。是故，日月同宮守命於丑未，雖會吉曜，不為全美，如逢凶星，定有凶災。

若是「日月合照」的情形，就會有所謂的富貴雙美的之徵驗。如太陽卯宮入廟，太陰亥宮入廟，即是「日照雷門」、「月朗天門」之財官雙美格局；又如太陽巳宮，太陰酉宮且拱丑宮的天梁，是為「日月並明格」，乙、丙、丁、辛人，富貴雙美。

儘管日月照合的格局有富貴之徵驗，但必須在有日月均「明」的條件下方始成立，否則，亦主有精神或感情上的孤寂與困擾。

「蔭」、天梁也；「福」、天同也，此二星僅在寅申宮同垣，且其蔭福的效應，並非是先天、必然的，而是經由後天的歷練方始可得，因此，註文云：「不怕凶危」，而不是「不遇凶危」即是此意。

人生的運程沒有人敢說「一帆風順」，就算是祖先的福蔭有多大，也不可能保佑您一生順遂、沒有風險，所以，自我的磨練與由失敗中求得經驗，再加上所謂的「天助自助」的效應，如此，「福蔭」的力量方能發揮到極致，也才會有「不怕凶危」的顯現徵驗。

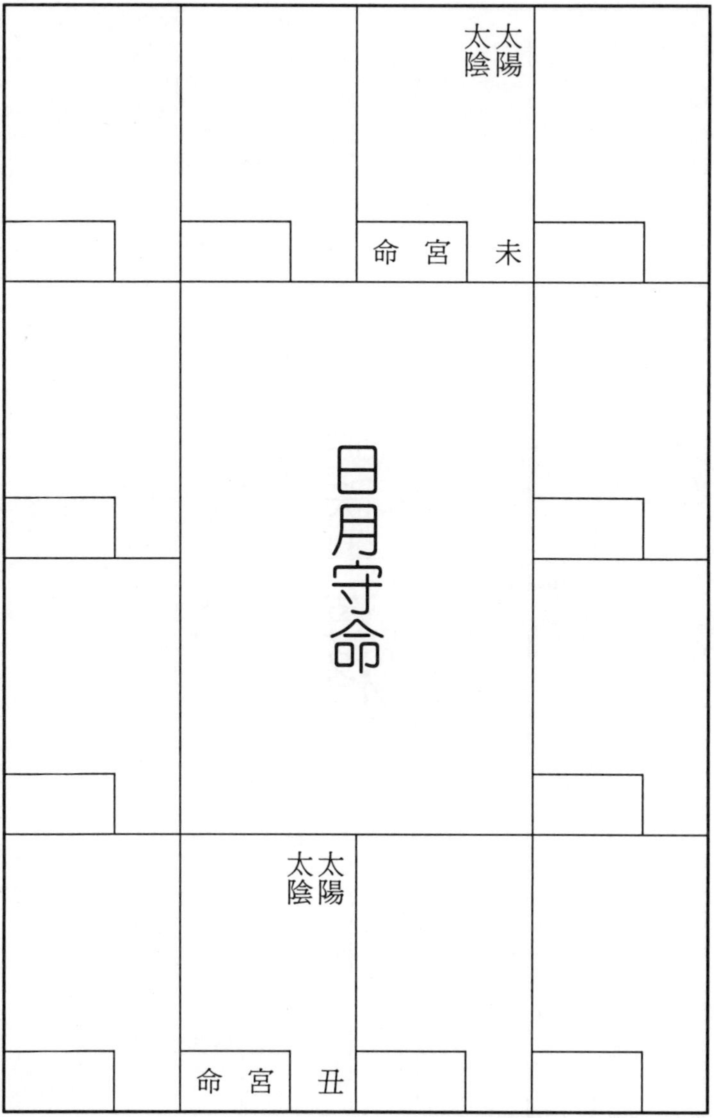

		太陽 太陰 命宮 未	
	日月守命		
	太陽 太陰 命宮 丑		

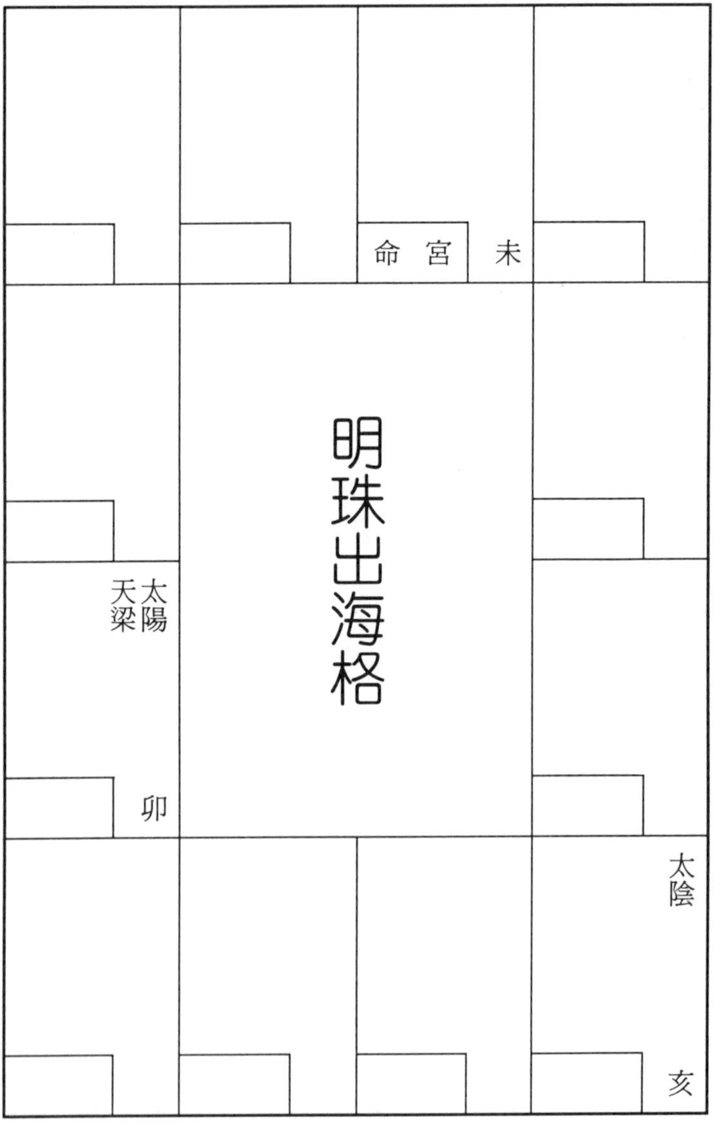

		命宮 未	
	明珠出海格		
太陽 天梁 卯			
			太陰 亥

	天機	紫微 破軍	
太陽	己年生人		天府
武曲 七殺			太陰
天同 天梁 ㊖ 命宮	天相	巨門	廉貞 貪狼

貪居亥子，名為「泛水桃花」。

原註

假如身命坐於亥、子，遇貪狼，逢吉曜，以吉論。如遇刑、忌，男浪蕩，女淫媚。

解析

貪狼化氣曰桃花，屬水，是為帶水之木，居於亥、子，則成水多木漂之象，然而，亥、子之月是為嚴寒冰凍的氣象，又何來水多木漂之象?因此，賦文所謂之「桃花」，勢必不是泛指男女之間的「桃花」意象而言。

貪狼星的性情大致上可以聰明、巧詐與輕浮論之，因此，若居亥、子旺地、又無逢煞曜，則必有才華氾濫且多學少精，聰明自恃且有自誤之象；若是逢有羊、陀屬金之煞曜同度，此「泛水桃花」格局的徵象方始有徵驗的事實。

但要特別注意的是，古人對此「泛水桃花」的格局是針對著女命而言，如果換做時下「女權抬頭」的觀點論之，女子有才華、有頭腦，不但可以創造一片屬於自己的天地，而且對社會亦是一種無上的價值與貢獻。然，對因而引起的「性騷擾」事件更須特別防範。因此，對於類似因時代背景所造成論斷上的差異現象，實是吾輩需要特別注意且謹慎的關鍵要素。

刑遇貪狼，號曰「風流綵杖」。

原註

假如貪狼、羊刃同垣，身、命於寅宮，為人聰明，更主風流。若遇閑宮，則平矣；余詳之，非也！寅宮無擎羊列位，只有陀羅所值，後學要明此論。

解析

上句賦文「泛水桃花」是指女命而言，而本句「風流綵杖」，則完全是為著男性的風流行為做開脫，如註文所云：「為人聰明、更主風流。」其實諸如此種以不平等的角度來釋義男女命，於古命學中可說比比皆是，且見怪不怪。

再者，註文將「刑」解釋為「擎羊」，實是錯誤。「刑」者，是指天刑、陀羅或火星而言，因為貪狼獨居寅宮，與陀羅同度，如再見火星，或天刑躔會，才會有因情慾而惹禍的「風流綵杖」格局之徵驗。

至於「綵杖」的意象，亦可分有形與無形二種的意義解釋：有形的，是專指上述所言——因情慾而惹禍上身；無形的，則是以居命宮而論，主終生受情所困，被感情折磨。

		紫微 破軍 祿 財帛宮	
	無形的綵杖 癸年生人		天府 夫妻宮
	天相 擎羊 福德宮		貪狼 廉貞 陀羅 命宮 亥

	天機	紫微 破軍	
七殺 天姚 福德宮	有形的綵杖 壬年生人		
			廉貞 天府 陀羅 財帛宮
武曲 天相 地劫 命　宮		貪狼 擎羊 天刑	

七殺廉貞同位，路上埋屍；破軍暗曜同鄉，水中作塚。

原註

假如身命值此二星守之，加化忌、耗殺，亦依上此斷，或在遷移宮亦然。暗曜，指巨門，亦同上斷。

解析

《斗數骨髓賦》云：「廉貞七殺，反為積富之人」，若與本句賦文比較，好像有所矛盾之處。其實，若「廉殺」的星系組合逢吉，是為「雄宿朝元格」，主積富之徵驗自是不在話下，但若逢凶曜，則七殺與廉貞二星原具有的凶性即一併顯現出來；再者，七殺與廉貞二星均是有外出做事賺錢的徵象，因此，若逢凶殺曜，定主在外工作出事，或有災厄、血光事件。

本句賦文的徵驗於時下頗為受用，因為，現代人熱衷於工作閒暇之餘出國旅遊，再加上世界各地交通量的擁擠與繁雜，所以交通事故的發生率，若是可以事先預測，當可避免旅遊事件的遺憾發生。

「破軍『暗曜』同鄉」，文中的「暗曜」，通常是指巨門而言，但若要符合「同鄉」的條件，破軍與巨門是不可能有同宮的機會，故此「暗曜」自是另有所指。

中州派王亭之先生認為「暗曜」實指文曲而言，且破軍文曲須同居亥、子、丑之水鄉，又逢煞忌，如此，方有「水中作塚」之徵象。

另《全書》有：「巨火擎羊陀，逢惡曜，防縊死、投河。」的記載，且陀羅亦可算是暗曜的一種。

再加上，古代的交通運輸也僅有水、陸二種方式而已，因此，與上句的「路上埋屍」，正好能相互呼應且符合當時之社會環境。

		廉貞 七殺 遷移宮	
	甲辰年十月初四戌時生 陽男 水二局 七殺廉貞同位，路上埋屍 劉伶之命		
	天府 左輔 右弼 陀羅 命 宮		

祿居奴僕，縱有官也奔馳；帝遇凶徒，雖獲吉而無道。

原註

假如身、命宮星平，奴僕宮又得祿存及化權祿吉曜，以為美論，只是勞碌。

假如紫微守身、命，遇有權、祿、刑、忌同位，雖吉無凶，只是為人心術不正。

解析

「祿居奴僕」，則必擎羊居遷移宮，陀羅居官祿宮，如此，則必有羊陀會照命宮的情形。試問一個人出外做事打拼，若有羊陀會照所造成的坎坷與不順遂，此人能不奔波、能不操勞疲憊嗎？

至於若再逢化權祿者，則為主弱賓強、奴欺主的局面，如此的狀況下，做主的人能不奔波勞累且憂心終日嗎？

有關紫微的格局有「百官朝拱」「在野孤君」以及「昏道之君」等，此處即指

「昏道之君」的格局而言。

當然，若要論斷一位國君的英明或昏庸，必也先視其政績的好壞，而其政績的好壞，以及推展施行與否，還得再視其左、右輔臣之良萎。因此，若有正直且善良的輔佐之臣，則是為「百官朝拱、君臣慶會」的佳格，若無，則是為「在野孤君」，徒具形式罷了。如若再見煞、忌、刑諸曜，即成「昏道之君」的格局了。

賦文中「凶徒」即是指煞、忌、刑、耗等諸曜而言。

	命宮		
			陀羅 官祿宮
		擎羊 遷移宮	祿存 僕役宮

	紫微 ㊓ 命宮		
	壬年生陽男 昏道之君格局		
			天府 廉貞 火星 陀羅
武曲 天相 忌		貪狼 擎羊 鈴星	

帝坐命庫，則曰「金轝捧櫛」；福安文曜，謂之「玉袖天香」。

《全書》：帝坐命庫，則曰「金轝扶御輦」；臨官同文曜，實為「衣錦惹天香」。

原註

假如紫微守命宮，前有吉曜來呼號是也，必掌大權之職。臨官同昌曲，主福德宮亦然。

解析

紫微獨坐，只有在子、午二宮，有以午宮較佳。「金轝」指紫微前一宮，「捧櫛」之意同，即丑、未宮也。「御輦」則指守命宮的紫微。再者，「捧櫛」，於古代是代表著一種家教、一種修養的意象，是故，父母宮的好壞亦是決定其人品德教養的關鍵宮位。又獨坐的紫微，三方一定見天府、天相，如再配合其出身與教養的良好，則「呼號」與「必當大權」之徵象亦是必然了。

「臨官」即十二長生運之臨官位，依生年納音取之。亦可指官祿宮而言。

水、土命人居亥宮。

木命人居寅宮。

金命人居身宮。

火命人居巳宮。

「文曜」實單指文昌、文曲而言。

再者，註文云：「臨官同昌曲，主福德宮亦然。」另，《全集》註云：「福德宮逢昌曲吉曜來扶，必作大權之職，面堂朝尊，謂之玉袖天香。」

由二者註文來看，似乎有些爭議與相異處，但若進一層深思，其間的相互呼應，互相成就的關係，即可一目瞭然。因為福德宮是主一個人的聰明才智、精神與蔭德福份的良知，如若昌曲入主，一定有功成名就的機會。如此，近國君、近天顏的機率也必定為之提高，所以，賦文才有「衣錦惹天香」或「玉袖天香」之結果。

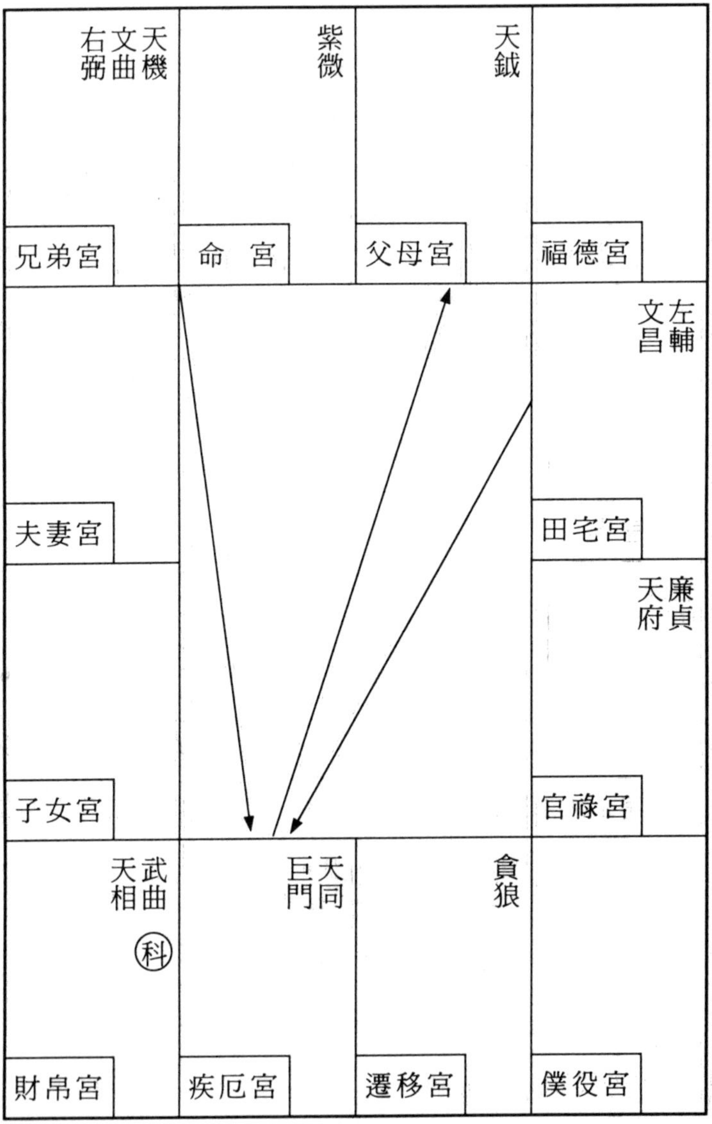

天機 文曲 右弼 兄弟宮	紫微 命　宮	天鉞 父母宮	福德宮
夫妻宮			左輔 文昌 田宅宮
子女宮			廉貞 天府 官祿宮
武曲 天相 ㊖ 財帛宮	天同 巨門 疾厄宮	貪狼 遷移宮	僕役宮

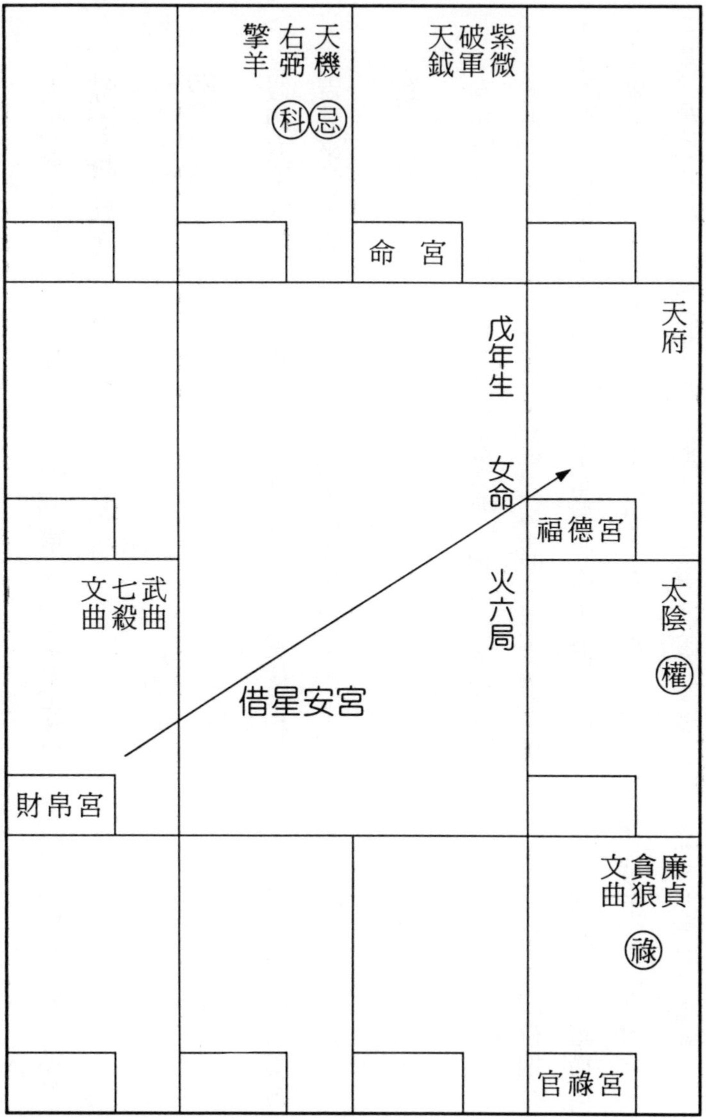

	天機 右弼 擎羊 忌 科	紫微 破軍 天鉞 命宮	
	戊年生 女命 火六局		天府 福德宮
武曲 七殺 文曲 財帛宮	借星安宮		太陰 權
			廉貞 貪狼 文曲 祿 官祿宮

太陽會文昌於官祿，皇殿朝班，富貴全美；太陰同文曲於妻宮，蟾宮折桂文章會盛。

原註

假如太陽會文昌於官祿，逢吉曜、富貴，必作宰相。假如太陰、文曲同於妻宮，又兼吉曜來扶、限運又逢至此，男子蟾宮折桂，女子招貴受封。

解析

本句賦文對一般稍具斗數基礎者，相信一定極易瞭解。

太陽、太陰，均主貴星；文昌、文曲、主文曜；如若日、月、昌、曲得地且又不逢煞者，於事業或官場上，一定事業有成，官居要位，而且滿腹經綸，才華橫溢；若是會於夫妻宮，男命娶溫柔嫺淑之妻；女命嫁高貴且氣度非凡之夫。《全書》云：「男子蟾宮折桂，女子招貴受封贈。」（註：「蟾宮折桂」即謂古代秋試登第而言。）

茲將太陽、太陰十二宮躔度概述如下：

㈠**太陽：**

⑴與子午宮獨守，寅申安命，命無正曜，財宮巨門，遷移宮天機、太陰。

⑵於丑未宮與太陰同度，卯酉安命，亦命宮無正曜，財官天梁。遷移宮天機、巨門。

⑶於寅申宮與巨門共守，辰戌安命、亦命宮無正曜，財宮亦無正曜，遷移宮天機、天梁。

⑷於卯酉宮與天梁共度、巳亥安命、太陰獨守、財官無正曜、遷移宮天機。

⑸於辰戌宮獨守，安命子午宮、巨門獨守，財宮無正曜、遷移宮天機。

⑹於巳亥宮獨守，安命丑未、天梁獨守、財宮太陰、遷移宮天機。

㈡**太陰：**

⑴於子午宮與天同同度，安命寅申宮且巨日同守，機梁守福德宮於辰戌，遷移宮無正曜。

⑵於丑未宮與太陽同度，安命卯酉宮且機巨同守、天梁守福德宮，遷移宮無正

曜。

(3)於寅申宮與天機同守，安命辰戌宮，巨門獨守命宮，天梁守福德宮，遷移宮天同獨守。

(4)於卯酉宮，安命在巳亥宮、巨門獨守，天梁守福德宮，太陽獨守遷移宮。

(5)於辰戌宮，安命在子午宮、巨門獨守，天同、天梁守福德宮，太陽於遷移宮獨守。

(6)於巳亥宮，安命丑未宮，同巨同守命、梁日守福德宮，遷移宮無主曜。

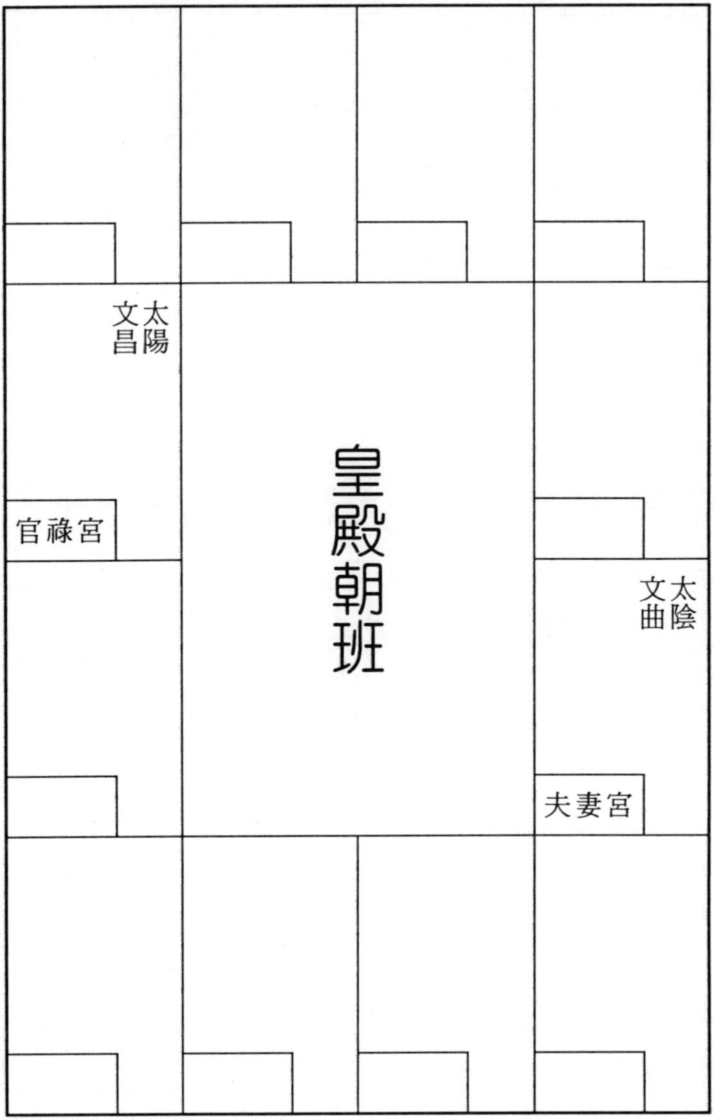

太陽
文昌

官祿宮

皇殿朝班

太陰
文曲

夫妻宮

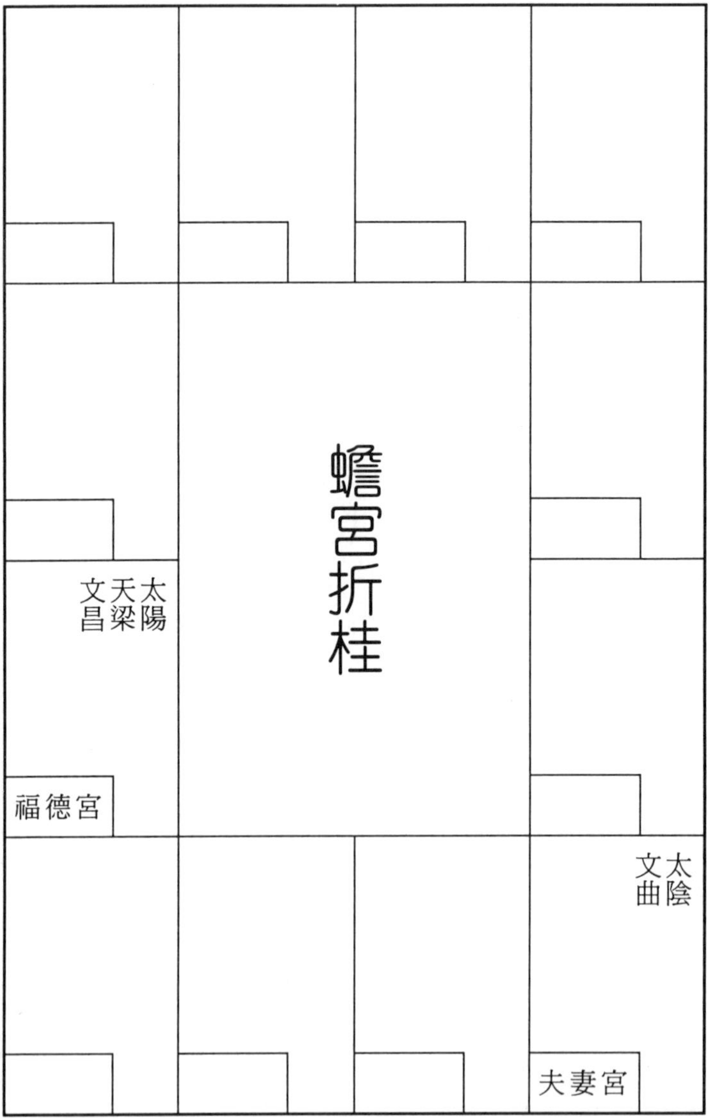

蟾宮折桂

	蟾宮折桂		
太陽 天梁 文昌 福德宮			
			太陰 文曲 夫妻宮

祿存守於田財、則堆金積玉；財蔭坐於遷移，必巨商高賈。

原註

假如祿存星守於田、財二宮，主大富。財，即武曲；蔭，即天梁。此二星，或一，化權祿與吉星坐遷移宮，必作巨商高賈。若加刑忌殺湊，平常。

解析

「田」、「財」二者，依現代的講法則分別為不動產與動產。斗數中與田、財相關的星曜有太陰、天府、祿存與化祿等，若依程度層次而論，其中的祿存與化祿是較為優勢。

可能有人會認為財星入田宅宮，好像並不太恰當，其實，若以時下寸土寸金的價值觀而言，有土就有金，這是一個不容置疑的事實。因此，若是祿存守於田財，其富庶的狀況是可想而知的了。

「財蔭」是針對著出外做生意的「商賈」而言。武曲是財壽之基，謀財之手腕；「蔭」，天梁也，有逢凶化吉、趨吉避凶之效應，此二星的徵象對於出外經商或謀生的人，實在是一件不可或缺的寶貴護身符，尤其是對於交通不發達的古代社會，它的重要價值觀更甚於現今出外的人們。

其實，斗數的每一顆星曜均可視為具有財星的性質，所差異的僅是其賺錢得財的方式不同而已。因此，對於賦文中僅將武曲與天梁視為財星的立論，實在也顯得太過偏頗與缺乏。

然而，如果硬要拘限此格局方才有「巨商高賈」之徵驗，那麼，這個世界上適宜為商賈之人，一定不多，畢竟，要符合遷移宮有武曲、天梁的人，或是命身、田宅與行運亦要逢此二星者，其機率實在是少之又少，更何況真正的大實業或大企業家，也不見得每一個人都具有此種狹義的格局展現。

因此，筆者認為要成為「巨商高賈」的格局，除了遷移宮外，還必須兼看其他的相關宮位，如命宮、官祿宮、財帛宮與僕役宮等，尤其是針對時下多元化且複雜的社會型態。

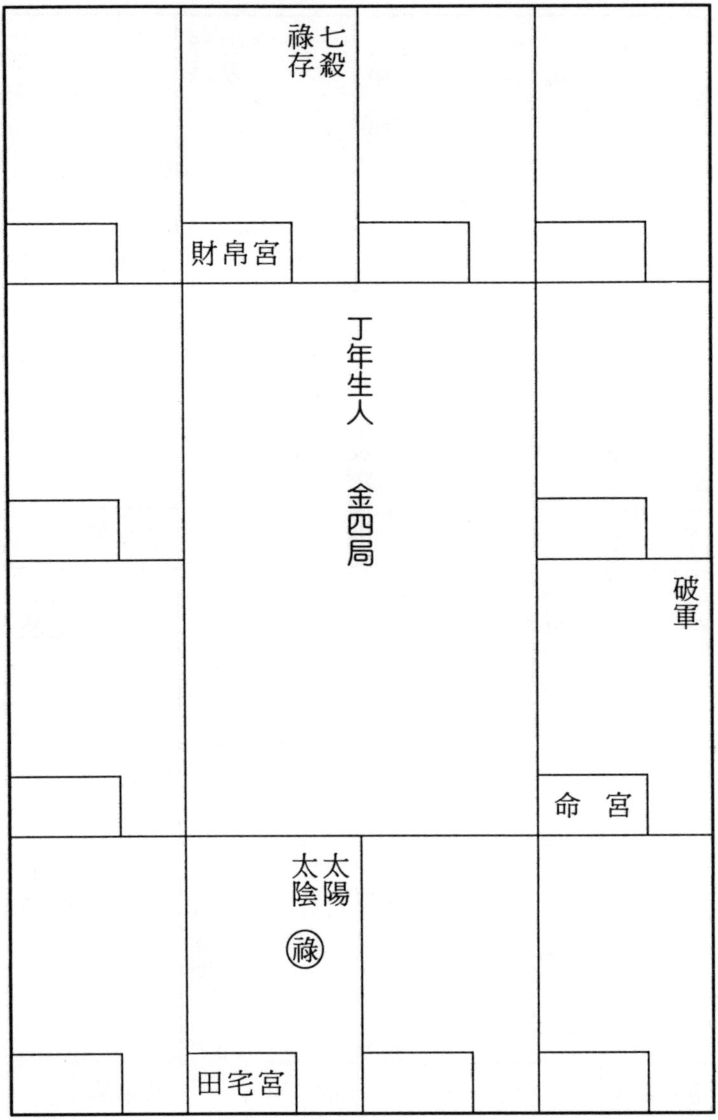

	七殺 祿存 財帛宮		
	丁年生人 金四局		
			破軍 命宮
	太陽 太陰 ㊗祿 田宅宮		

陀羅 僕役宮	天機 祿存 科 遷移宮	紫微 破軍 擎羊 疾厄宮	財帛宮
太陽 官祿宮	丁年生陰男 事業受朋友牽連拖累 木三局		天府 天鉞 火星 子女宮
武曲 七殺 田宅宮			太陰 鈴星 夫妻宮
天同 天梁 權 福德宮	天相 父母宮	巨門 忌 命宮	廉貞 貪狼 天魁 兄弟宮

耗居祿位，沿途乞食；貪會旺宮，終身鼠竊。

原註

假如耗星守官祿宮，又逢刑忌，及寅午戌生人命坐午宮，巳酉丑生人命坐酉宮，亥卯未生人命坐卯宮，申子辰生人命坐子宮是也。

假如耗星會貪狼、守命、身、官祿之位，主為人貧窮，終身為竊盜之人。

解析

斗數中有「耗」星之稱者，有破軍與大耗二顆星（註：其實貪狼星亦可視為耗星的一種）。而註文云：「耗星守官祿宮」，此「耗」即針對著破軍而言。這個觀點的爭議性不大。一般接受的程度為大多數。

至於「祿位」的解釋各家所持不同的理論觀點很多茲將其中較具研討與實用價值性的說法整理概述如下供各位參考與研習比較。

(一)「祿位」有四：

(1)祿存所居之位。

(2)化祿所居之位。

(3)財帛宮。

(4)官祿宮。

(二)「祿位」指官祿宮，即破軍在官祿宮（寅、申、巳、亥），故：

(1)納音水、土命祿（臨官）於亥。

(2)納音木命祿於寅。

(3)納音火命祿在巳。

(4)納音金命祿在申。

筆者私自臆測，若是僅依耗星守官祿宮即論其有「沿途乞食」之徵象，這好像有點言過其實，但若又逢刑忌者，則其命宮必不佳，故，境遇的不穩定與運途蹇塞困頓之徵象，是一定且不容置疑的，因此賦文所云：「沿途乞食」之現象，才會有可能發生與應驗。

另，「貪會旺宮」，文中之「旺宮」亦有不同的觀點。

㈠依斗數人事十二宮而言：

不論男女命，均以福德、財帛與田宅三宮稱之。

㈡依十二運而言：

(1)納音水、土命旺於子。

(2)納音木命旺於卯。

(3)納音金命旺於酉。

(4)納音火命旺於午。

㈢依《全書》定人作盜賊之命訣：

「命逢破耗與貪貞、七殺三方照及身，武曲更居遷動位，一生面背刺痕新。」

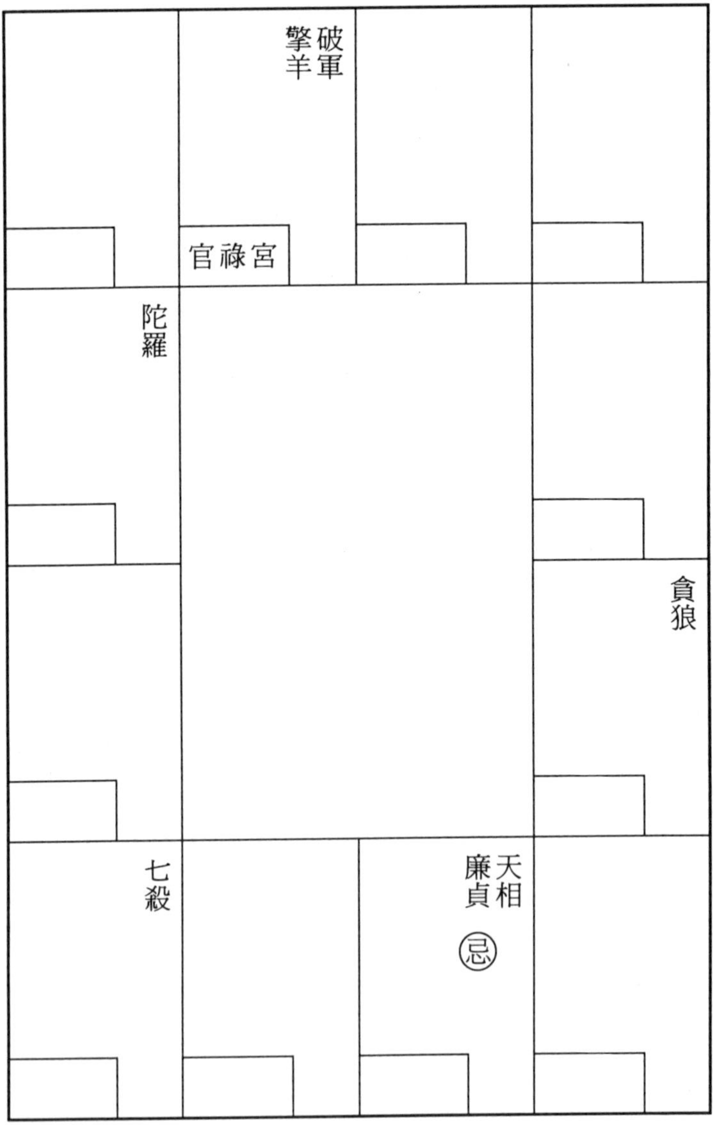

	破軍 擎羊 官祿宮		
陀羅			
			貪狼
七殺		天相 廉貞 忌	

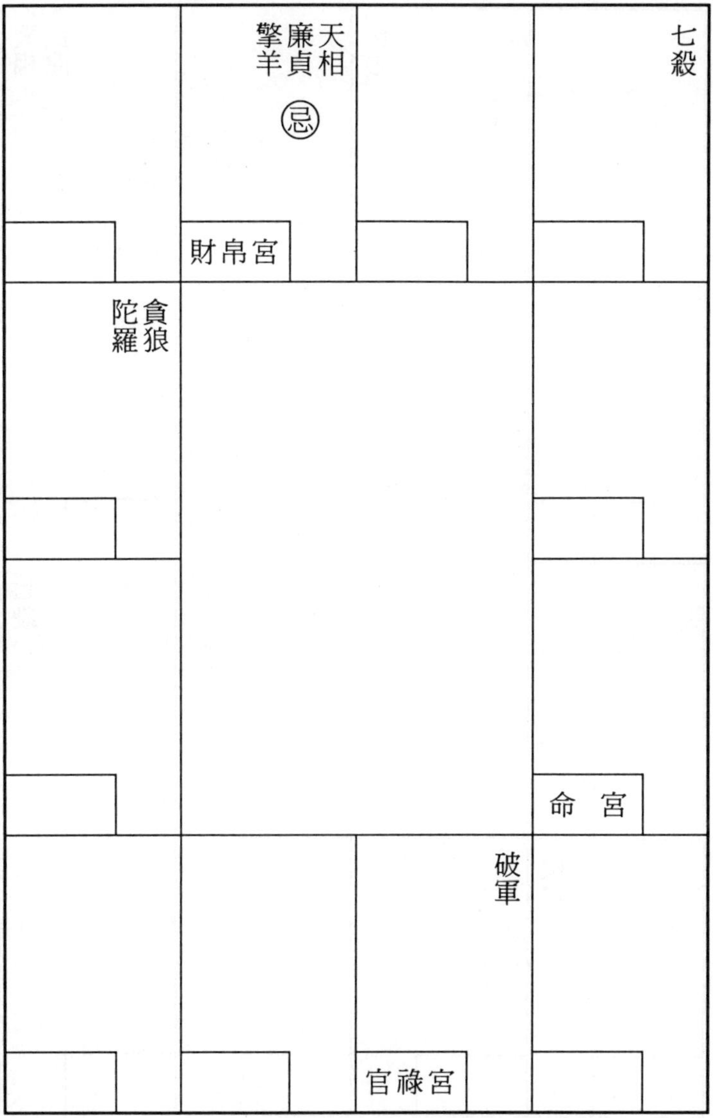

	天相 廉貞 擎羊 忌 財帛宮		七殺
貪狼 陀羅			
			命 宮
		破軍 官祿宮	

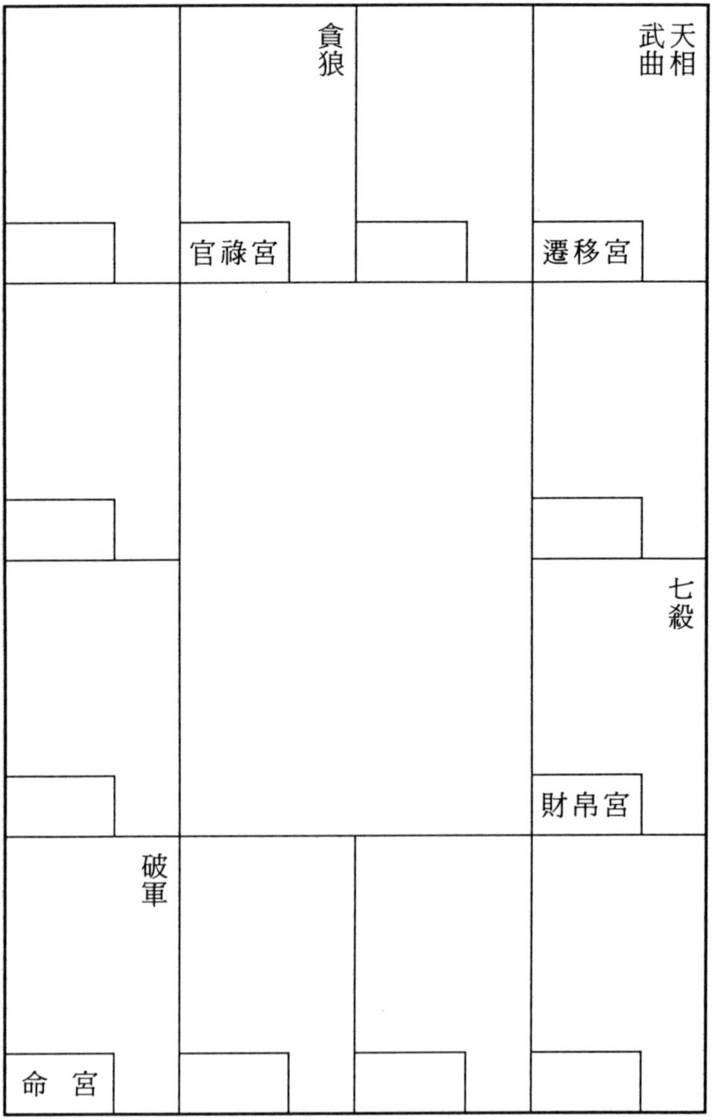

	貪狼 官祿宮		天相 武曲 遷移宮
			七殺 財帛宮
破軍 命　宮			

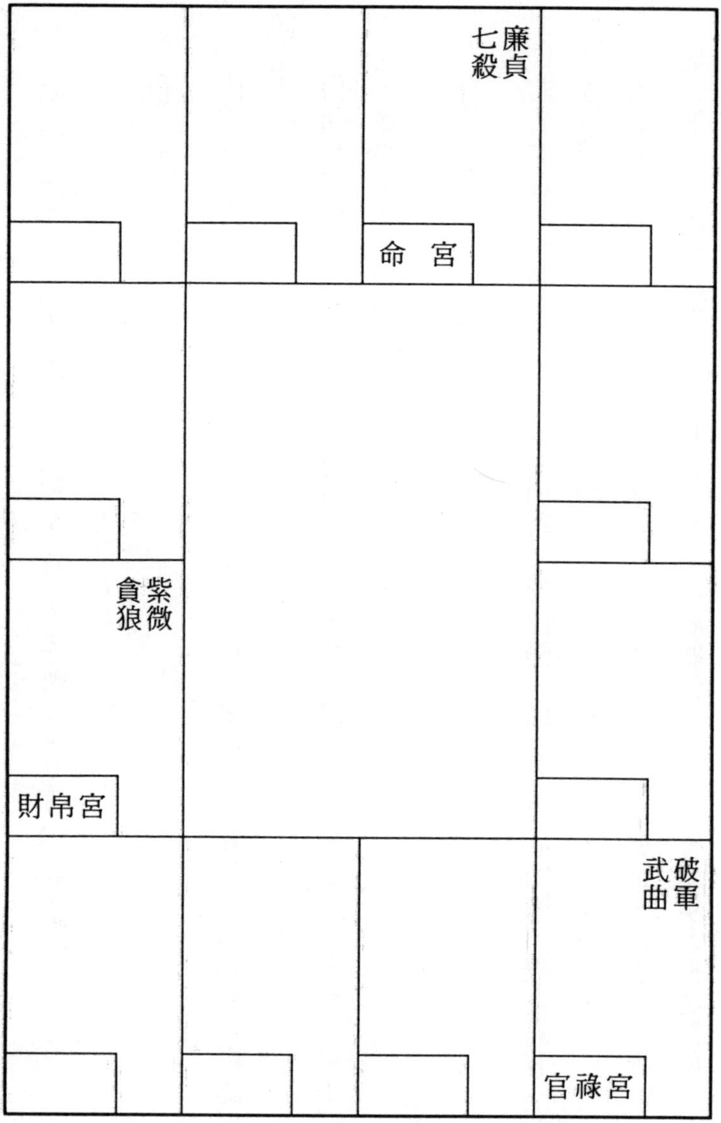

		廉貞 七殺 命宮	
紫微 貪狼 財帛宮			
			破軍 武曲 官祿宮

殺居絕地，天年夭似顏回；貪坐生鄉，壽考永如彭祖。

原註

假如命坐寅申巳亥，逢七殺，加刑忌，又值某星所絕，縱有吉曜合照，限臨則凶矣！

假如寅午戌生人，命坐寅；巳酉丑生人，命坐巳；亥卯未生，命坐亥；申子辰生人，命坐申，逢貪狼，又逢吉曜，以為吉論。

解析

七殺本就有「奪命」的意象，如再逢行凶限，則必有災厄凶險，故古籍有「若是殺強無制伏，少年惡死落黃泉」的說法。（註：制七殺者，紫微星也。）

賦文所云：「殺臨絕地」，即是指七殺坐命又恰居生年納音「長生十二神」之「絕」地，如果再見煞曜星，其人必主一生病纏帶疾，甚至有幼年夭折之徵象。

至於寅、申、巳、亥巳宮，七殺必與紫微相逢，其煞氣不但被牽制住，而且反有「化煞為權」的格局氣勢，如此，怎麼會有「夭壽」的徵象。因此，有關註文之所云，實在是有待商榷與更正的。

「貪坐生鄉守命」的格局，有下列幾種情形：

⑴寅午戌生人或火六局命者，命宮在寅宮。

⑵巳酉丑生人或金四局命者，命宮在巳宮。

⑶申子辰生人或水二局命者，命宮在申宮。

⑷亥卯未生人或木三局命者，命宮在亥宮。

⑸由於水土同長生，故土五局命者，命宮亦在申宮。

另外，對於「長生」所代表的是一種氣數初生活躍之意象，而貪狼星本身所具備的，也是一種生氣與野心勃勃之象，因此，對於賦文所云：「貪坐生鄉，壽考永如彭祖」之徵驗論斷，筆者私下不太苟同其說法，但如果說是生氣蓬勃，身強體健，這倒是很符合實際氣數顯現之表徵。

然而，古文中又記載：「貪狼有瞞人授學神仙之術。」之語，是否因為如此而強附會「壽考永如彭祖」的徵象，實亦不可得知，但相信古之學者應該不會有如此草率且不負責任的為學態度。

因此，筆者欲藉此小小的篇幅，希望有心的讀者能提供相關的命例，供作相互研討與印證之用。畢竟，對於年輕的斗數命學而言，最需要的也正是這種健康且具正面的研討態度，如此，對其流傳的廣泛性，以及沿襲的命脈，均具有特別的實質意義與功效。

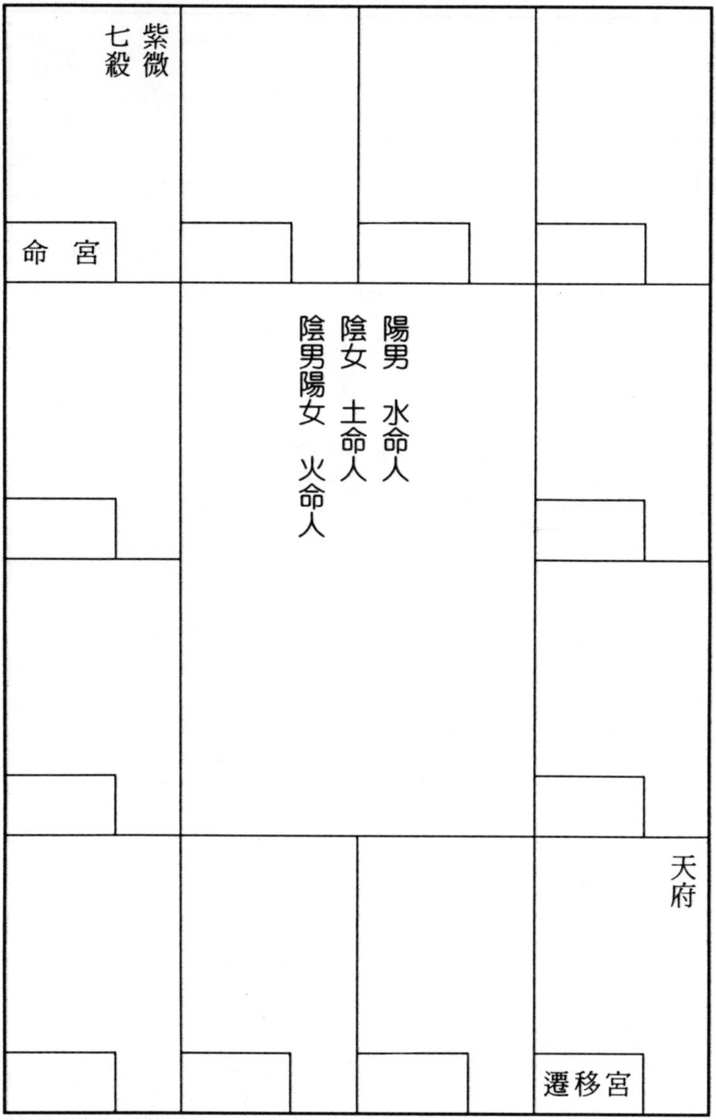

紫微 七殺 命宮			
	陽男 水命人 陰女 土命人 陰男陽女 火命人		
			天府 遷移宮

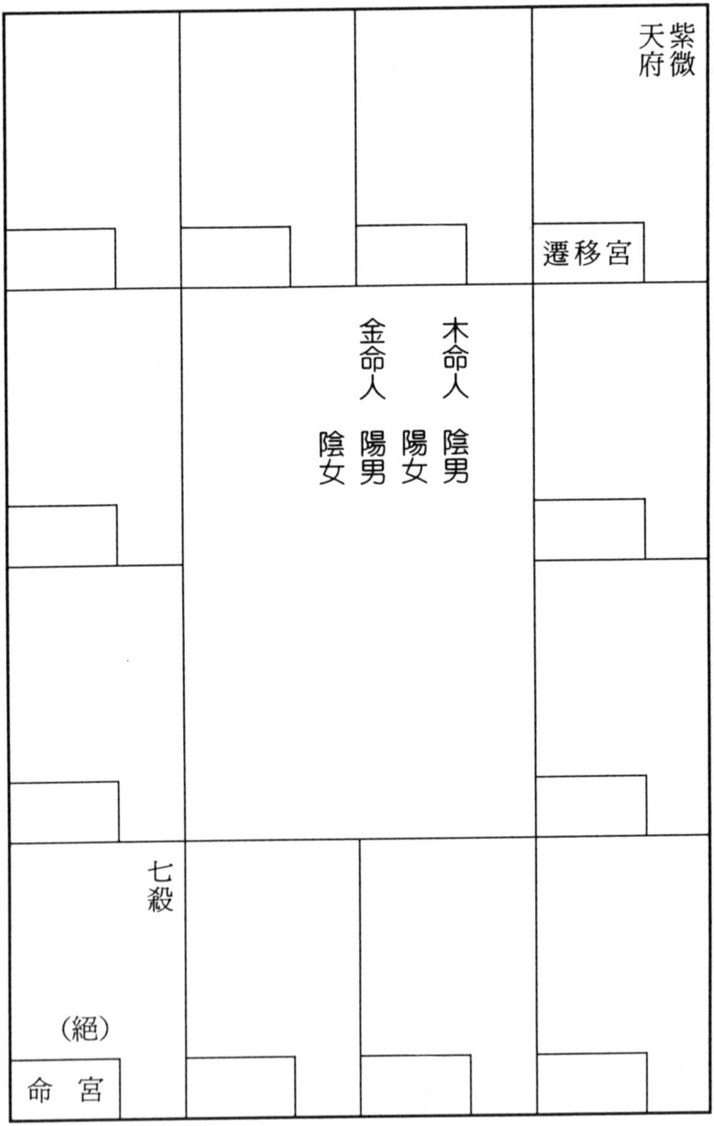

			紫微 天府 遷移宮
	木命人 金命人 陰男 陽女 陽男 陰女		
七殺 (絕) 命宮			

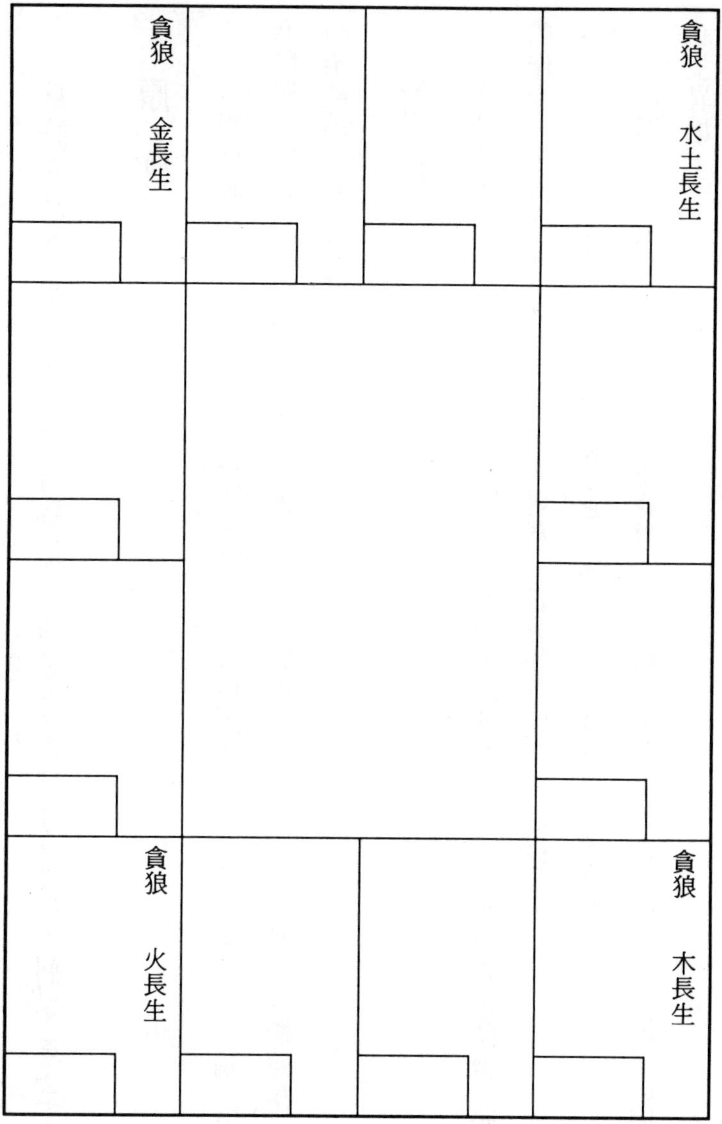

貪狼 金長生			貪狼 水土長生
貪狼 火長生			貪狼 木長生

巨暗同居身命疾厄，沉困尪羸；凶星會於父母遷移，刑傷產室。

原註

假如身命宮、疾厄宮，又逢巨門羊陀，為人貧困而軟弱，終身不旺發之論。忌乃陀羅，暗乃巨門。假如刑、忌、火、鈴，守於遷移、相貌二宮，必作身體殘疾，祖業破蕩，奔波勞碌之命也。

解析

巨門原就具有拘限，畫小圈圈與拒人於千里之外的意象，如果再逢羊陀煞忌曜的作弄，相信任誰也會難以度日，更甚者會有想不開輕身之徵象。

（註：尪，音ㄨㄤ，跛曲脛也；羸，音ㄌㄟˊ，累、瘠、疲弱也。）

再者，巨暗若守疾厄宮，則主身體上的疾病或異徵，如古訣云：「巨門、陀羅必生異痣。」

另外，有關巨門星化氣曰暗之意象，中州派王亭之先生對其之釋義角度，筆者認為不但異於一般坊間書籍的解釋，而且更是精闢地闡釋了「暗」星最真實一面的性情，如其云：

「巨門稱為暗曜，其實巨門之暗，是去暗別人而不是暗自己。舉例而言，婚姻上的第三者；政壇上翻手為雲、覆手為雨之輩；商界上不擇手段，唯利是圖之徒，都可以說是別人的陰暗面，他自然則可能反而洋洋得意。」

「凶星」會於父母，原就有刑剋父母之象，尤其如出生之時的產厄或剖腹，但註文僅針對火、鈴、刑、忌等星又似乎顯得太過狹義，因為，會與父母刑剋的星還有太陽、太陰、巨門等星曜。至於「祖業破蕩」一詞，那還得再與其他宮位同參，不能依此即論斷之。

另外，若會於遷移宮，由於凶星的阻撓與不順遂，其「奔波勞碌」的現象，自是不能免除，這是較符合事實情況的演繹。

另有些參考書籍將「空劫」亦列入凶星而論，其論點如下：

㈠如父母宮得其一，則田宅宮必得另一，所以會有刑傷祖業之徵象。

㈡如遷移宮得其一，則夫妻宮必得另一，所以會有刑傷家室的徵象。

雖然不能說其立論不合理，但好像與賦文所謂的「凶星交會」所可能產生的徵驗，沒有一體連貫的呼應，如果將其視為補過，倒是十分得體，各位亦不妨當作是參考研習的資料。

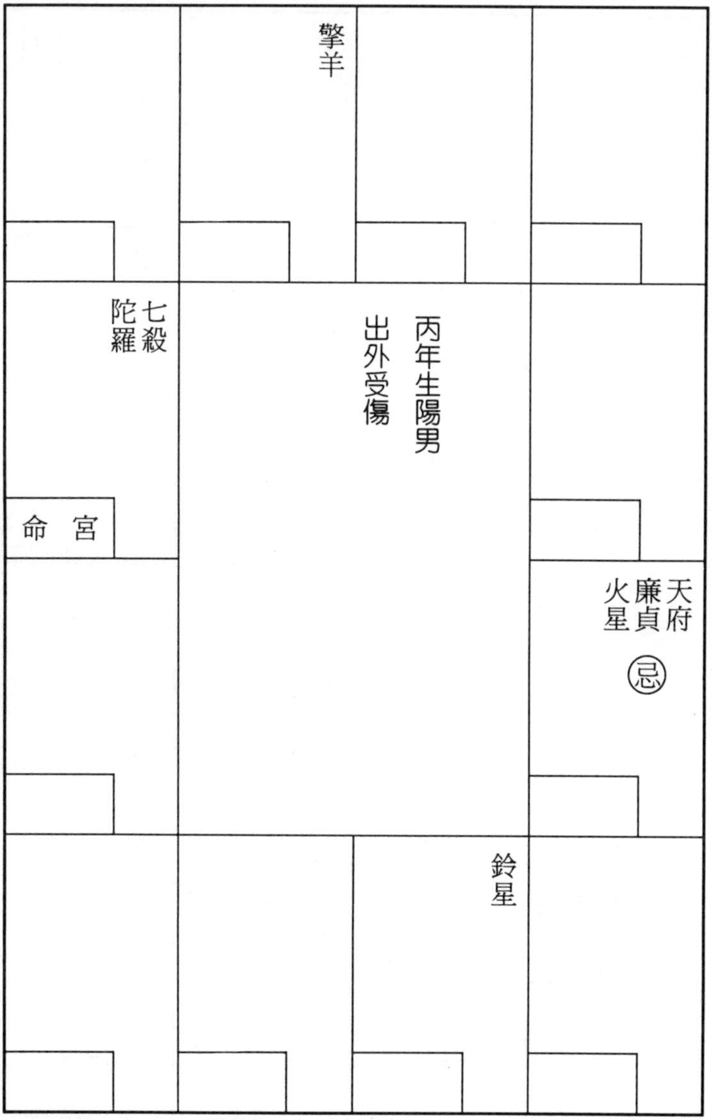

	擎羊		
七殺 陀羅 命宮	丙年生陽男 出外受傷		
			天府 廉貞 火星 ㊣忌
		鈴星	

<table>
<tr><td></td><td></td><td>命宮</td><td>鈴星
天鉞
父母宮</td></tr>
<tr><td>巨門
擎羊</td><td colspan="2" rowspan="2">乙年生陰男
刑剋父母</td><td></td></tr>
<tr><td></td><td></td></tr>
<tr><td>天機（祿）
太陰（忌）
文曲
陀羅</td><td></td><td>太陽
文昌
天魁</td><td></td></tr>
</table>

刑殺同廉貞於官祿、枷鈕難逃；官符夾刑殺於遷移，離鄉遭配。

原註

假如刑殺、廉貞守官祿之宮，流年二限到此，不為禍患，定遭刑。

假如流年官符與當生官符夾刑殺於遷移之宮，太歲、小限若到此，必遭刑貶配，離祖之論。

解析

「刑殺」者，單指著擎羊而已。因為，擎羊化氣曰刑，又為四殺星之一。當然，如果廣義地演繹為羊、陀、火、鈴四星亦無不可。

廉貞星化氣曰囚，如若二星大限，流年同垣於官祿宮，主其人該年必有牢獄災厄之徵驗。

「官符」，本為興訟之神祇，有易於公堂出入之徵象，其目的有二：

㈠當生官符：

是依生年干與男女之區別而定。恆居祿後一位，即陽男陰女命是恆與陀羅同宮，陰男陽女命是恆與擎羊同宮。即「博士十二星」。

㈡流年官符：

即是歲前諸星的官符，恆與太歲、白虎三合會照。但卻永不可能與流年的遷移宮相夾。

由此可知，賦文中所說的「官符」，當指「當生博士十二星」與「流年博士十二星」而言。古代罪人之刑有三：枷、鈕、鐐，亦稱為「三木」，疊而「遭配」即因犯罪被流放之謂，於現代而言，就可演繹為調職，或因過被貶值調差，或犯法通緝逃亡等。

另外，於「歲前十二星」中亦有一顆類似此性質的星曜——貫索星，凡流年、大限與文昌星同垣於官祿、遷移，亦主有官非訴訟之徵驗。

巨門	廉貞 天相 ㊣忌 流羊 官祿宮	天梁	七殺
貪狼 流陀	丙年生陽男		天同
太陰			武曲 陀羅
紫微 天府 命宮	天機 權	破軍 擎羊	太陽

夫妻宮	兄弟宮	命宮	父母宮
天同 祿存 紅鸞 博士	武曲 天府 擎羊 文曲 力士	太陽 太陰 天鉞 權 青龍	貪狼 文昌 天馬 天姚 祿 小耗
子女宮 破軍 天刑 陀羅 官符	戊戌年生陽男 民國71年為朋友犯案		**福德宮** 天機 巨門 天空 忌 將軍
財帛宮 右弼 鈴星 科 伏兵			**田宅宮** 紫微 天相 奏書
疾厄宮 廉貞 天使 大耗	**遷移宮** 天魁 火星 地劫 病符	**僕役宮** 七殺 天傷 截空 喜神	**官祿宮** 天梁 左輔 天喜 蜚廉

善福居於空位，天竺生涯；輔弼單守命宮，離宗庶出。

解析

「空位」者，有天空、旬空、截空或落空亡等意象。「善」者，天機也；「福」者，天同也。

《諸星問答論、天機篇》云：「天機，……定數於人命，逢諸吉咸集，則萬事皆善、勤於禮佛、敬乎六親，利於林泉，宜於僧道。」

希夷先生曰：「天機，……若居陷地，四殺沖破，是為下局，若見七殺、天梁，當為僧道之清閑。」又曰：「天同，……會四殺居巳亥，為陷，殘疾孤剋，女人逢殺沖破，刑夫剋子，梁月沖破，合作偏房，僧道宜之，主享福。」

另，古籍中亦有：「機梁同照命身宮，偏宜僧道。」

論命古訣有：「命坐天空是出家，文昌天相實堪誇；若逢四殺同身命，受蔭承恩福可佳。」

綜合上列所舉之數古訣文可知，沒有人是天生即是出家的命，必定也為種種的環境遭遇影響，而成就其看破凡塵俗世之出世思想。當然，這種屬於精神層次追求的境界，也不一定要訴諸於宗教方面。

有關這一點，筆者觀時下眾人之行徑或思維，大都已偏離此途徑，好像凡事凡物均非得託付於宗教，方才是精神訴求的解脫。其實反不如將其寄託於山林淙泉之間，反倒是能更顯得灑脫且怡情怡性。依筆者「左出右入」的經驗，輔弼二星入主六親宮位大都具有不能兩全的徵象。當然，還得再配合一些古籍訣法相互參考，如：

《談星要論》云：「若命宮無正曜者，財官二宮有吉星拱照，富貴全美，或偏房庶母所生，三方有惡星沖照，或二姓可延生，離祖可保成家。」《全書》論父母宮云：「左輔獨守、無刑。廉貞同，早刑。加文昌，相生、無形。加羊陀火鈴、刑傷退祖，二姓延生。右弼獨守、無刑。加吉星得父母庇蔭，見羊陀火鈴湊，二姓安居。」

「離宗」，有隨母改嫁，或寄養、過房之意象；「庶出」，即私生子或細姨所生之子。

	七殺 擎羊		火星
紫微 天相 陀羅 文昌 鈴星	戊年生陽男 離宗庶出		右弼 命宮
巨門 天機 (忌)			破軍 文曲 父母宮

	擎羊	太陽 太陰	
陀羅	丙年生陽男 雙重父母		
鈴星			
廉貞 ㊣忌 父母宮	火星 命宮		

七殺臨於身命，加惡殺，必定死亡；鈴羊合於命宮，遇白虎，須當刑戮。

解析

七殺星亦有「奪命星」之稱謂，因此，若是臨身命，即有對本命造成殺傷力之徵驗，如果再逢惡殺湊，即為凶上加凶，所以，性命之難保自是在所難免。

另外，我們再將一些古籍資料整理佐證，即可瞭然。例如：

《諸星問答論》：「主於身，定歷艱辛；在命宮，若限不扶、夭折。」「若值正陰之宮，作禍憂深，流年殺曜莫教逢身，殺星辰休迭併身，殺逢惡曜於要地，命逢殺曜於三方，流殺又迭併，二限之中又逢、主陣亡掠死。」

《全集》云：「七殺臨於身位，逢陽刃、戰陣而亡。」（註：陽刃為陽年的擎羊。）

《骨髓賦》云：「七殺守身，終身夭貧。」

本篇賦文之前章節亦有相關的記載：

「七殺、破軍、專依羊陀之虐。」
「殺居絕地，天年夭似顏回。」
「七殺、廉貞同位，路上埋屍。」

對於七殺星的性情種種，雖然好像都沒有好的徵驗，但如果你真的有此認定，那可就大錯特錯了，畢竟，七殺星它仍是一顆大將星。但拘限於篇幅，各位可逕自購閱拙著《全方位論斗數》（益群出版社發行）、《斗數星曜與格局新義》（金菠蘿出版社發行）等，即可瞭解其星性如何。

賦文文句的意思是說，原命局命宮有羊、鈴坐守，倘若流年又與原命局重疊，而「歲前十二星」中的白虎，又恰與命宮照會。如此，才會有「刑戮」的情事發生。

但是，對於這種過於極端的論斷法，筆者實在不敢苟同，畢竟，最少還要再視原局守命的星曜吉凶綜合研參。再者，就算是真有羊鈴或火陀守命，以及再逢流羊陀且有白虎於三方會照，也只不過會有官司口舌是非，或收到違規紅單而已。然而，在古代不民主的社會裡，可能就會有因官司犯法而遭N記大板刑戮的伺候。

因此，這種因社會背景型態不同，而必須做程度上論斷改變的事實，對於研習命理之吾輩，是不可不特別注意與謹慎的。

<table>
<tr><td>天府 文曲
遷移宮</td><td>天同 太陰 天使
疾厄宮</td><td>武曲 貪狼 天刑
忌
財帛宮</td><td>太陽 巨門
子女宮</td></tr>
<tr><td>天傷
僕役宮</td><td colspan="2" rowspan="2">壬年生陽男
小兒天折命</td><td>天相 文昌
夫妻宮</td></tr>
<tr><td>廉貞 破軍
官祿宮</td><td>天機 天梁 鈴星 陀羅
祿
天空
兄弟宮</td></tr>
<tr><td>左輔 火星 天馬 截空
科
田宅宮</td><td>福德宮</td><td>右弼 擎羊 地劫
父母宮</td><td>紫微 七殺 祿存
權
命 宮</td></tr>
</table>

陀羅 兄弟宮	天機 祿存 ㊂科 命　宮	紫微 破軍 文昌 文曲 擎羊 官府 父母宮	福德宮
太陽 夫妻宮	丁年生陰男 項羽之命		天府 火星 天鉞 田宅宮
武曲 七殺 右弼 子女宮			太陰 鈴星 (祿) 官祿宮
天同 天梁 地劫 (權) 財帛宮	天相 天使 疾厄宮	巨門 (忌) 遷移宮	廉貞 貪狼 左輔 天魁 天傷 白虎 僕役宮

官符發於吉曜，流煞怕逢破軍。

解析

官符，主官司、口舌、是非，入主命宮原為不吉，但若命宮有逢吉星曜，且無其他之刑忌煞耗星曜，如此不但沒有凶的徵象，反會有因官符而得權、得功名，或是有打官司獲勝的現象。

至於「流煞怕逢破軍」中之「流煞」，是指「歲前諸星」中之喪門、吊客、官符與白虎，或是劫煞、災煞與天煞而言。由於「破軍」本身化氣曰耗，有先破壞後建設的意象。因此，對於破壞後會建設與否的關鍵裁決認定，得視其逢會星曜之吉凶而定。逢吉，別有建設；逢凶，不但沒有建設，反而更見破壞的嚴重性。

有關「流煞」的格局，斗數中有三種記載，且統稱為「飛天三殺」，茲將其綜合整理歸納如下，供各位於研習時方便查閱。

㈠將軍、奏書、直符之三合局。
㈡太歲、官符、白虎之三合局。
㈢歲破、喪門、吊客之三合局。

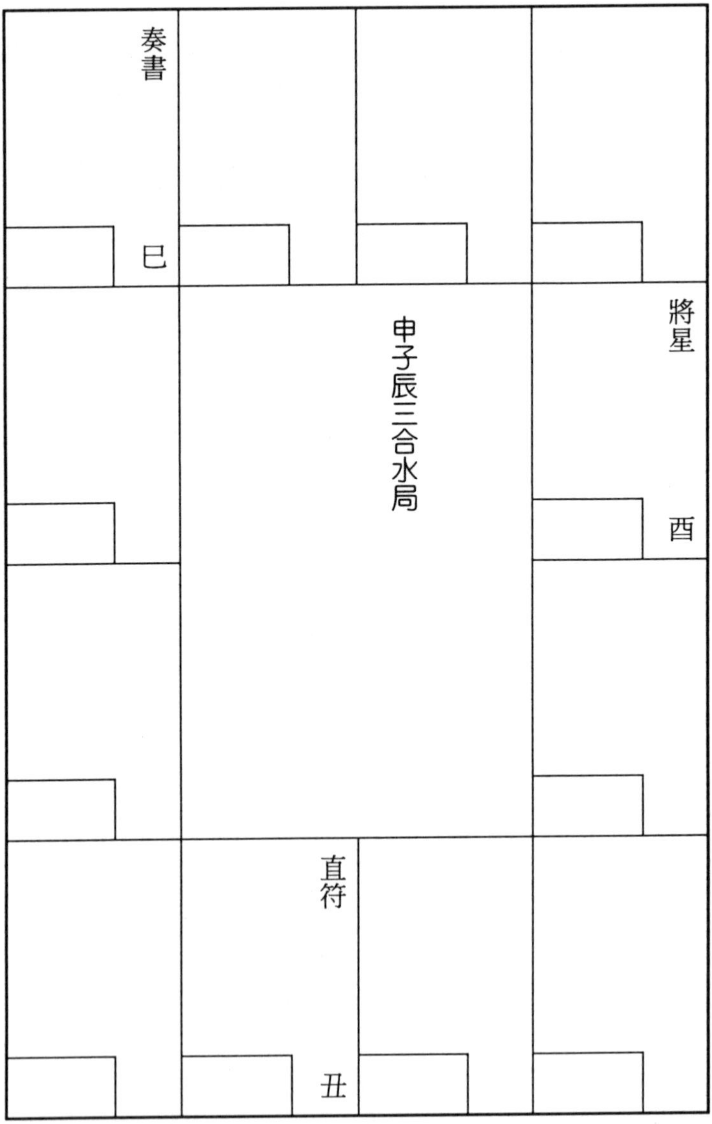

奏書 巳			
	申子辰三合水局		將星 酉
	直符 丑		

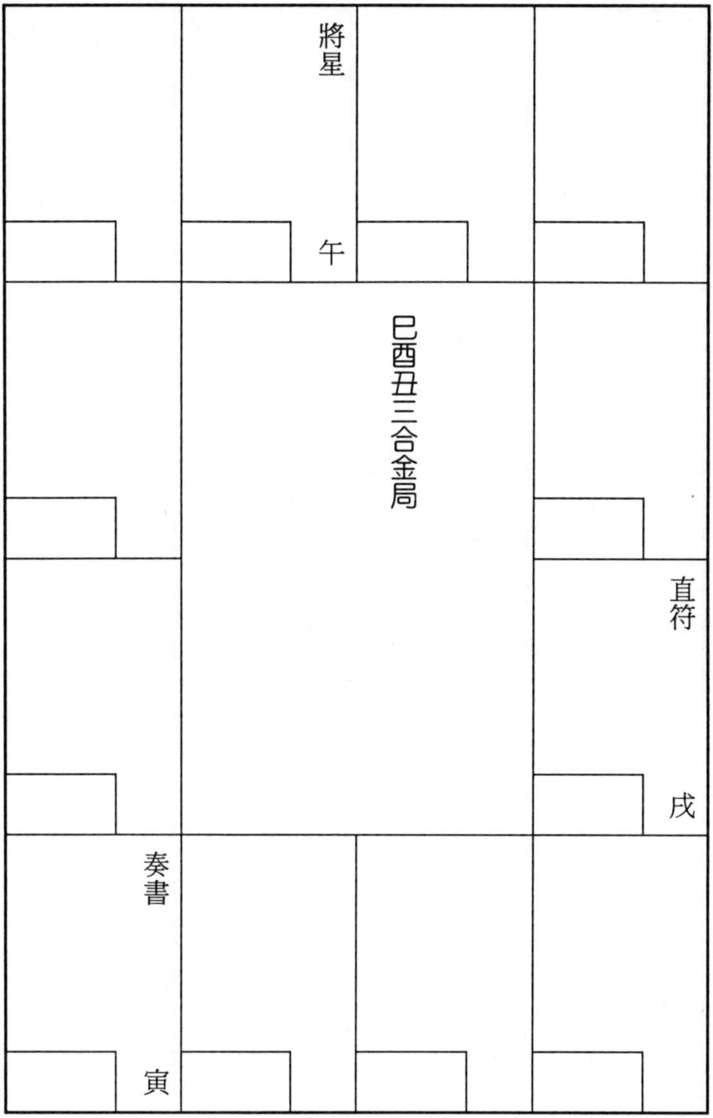

	將星 午		
	巳酉丑三合金局		
			直符 戌
奏書 寅			

		直符 未	
	寅午戌三合火局		
將星 卯			
			奏書 亥

			奏書 申
直符 辰	亥卯未三合木局		
		將軍 子	

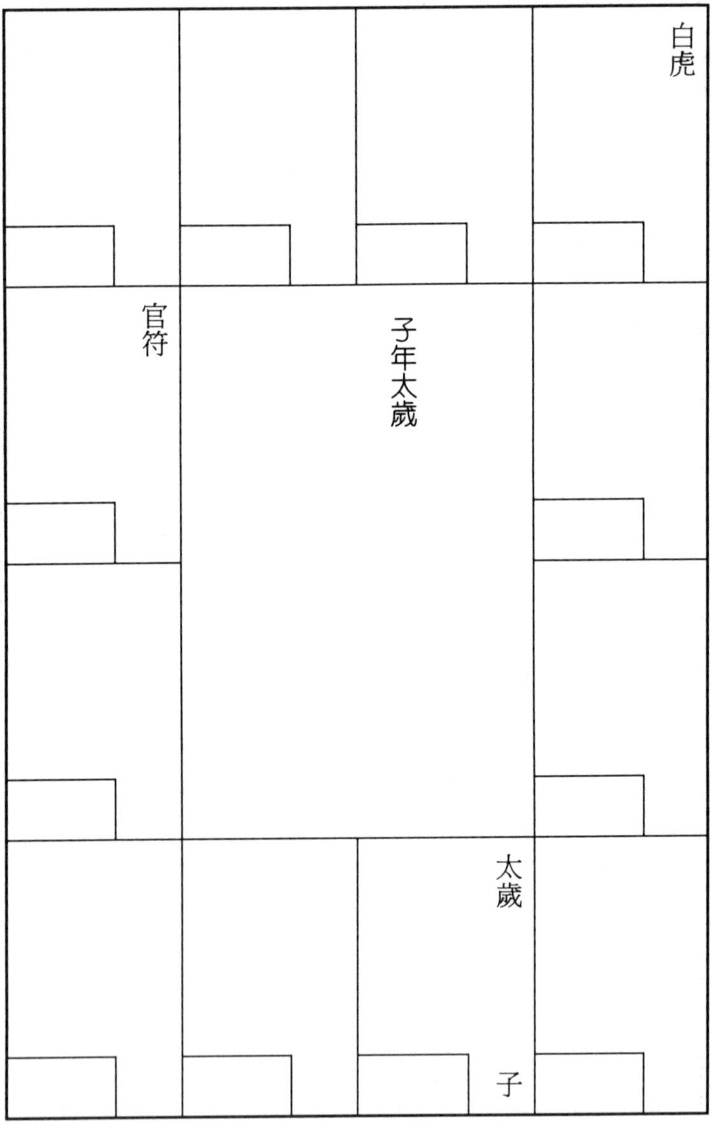

			白虎
官符		子年太歲	
		太歲 子	

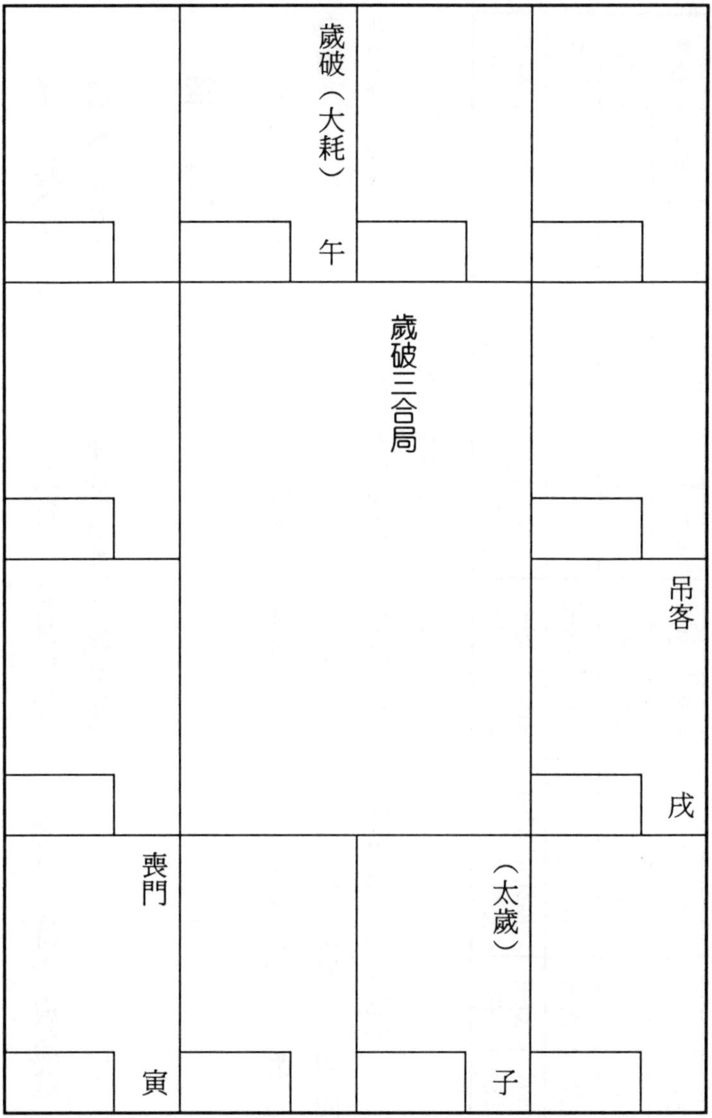

	歲破（大耗）午		
	歲破三合局		
			吊客 戌
喪門 寅		（太歲）子	

羊、鈴憑太歲以引行；病符、官符皆作禍；奏書、博士與流祿，盡長吉祥；力士、將軍同青龍，顯其權勢。

解析

太歲者，歲君也。每年均有不同的歲君值守，俗諺有：「太歲當頭坐，無災便有禍。」因此，每年始，民間廟宇均有「安太歲」之俗例，蓋以太歲屬火，與諸凶神相遇，皆為不謀，如若再逢煞忌凶曜，其年必主官非、財破或意外災厄。

茲將六十甲子年太歲輪值芳名列表供參考：

年干支	歲君芳名	年干支	歲君芳名	年干支	歲君芳名	年干支	歲君芳名	年干支	歲君芳名	年干支	歲君芳名
甲子	金赤	甲戌	誓廣	甲申	方公	甲午	張詞	甲辰	李成	甲寅	張朝
乙丑	陳泰	乙亥	吳保	乙酉	蔣嵩	乙未	楊賢	乙巳	吳遂	乙卯	方清
丙寅	沈興	丙子	郭嘉	丙戌	向般	丙申	管仲	丙午	文折	丙辰	辛亞

丁卯	耿章	丁丑	汪文	丁亥	封齊	丁酉	康傑	丁未	繆丙	丁巳	易彥
戊辰	趙達	戊寅	曾光	戊子	郢班	戊戌	姜武	戊申	俞志	戊午	姚黎
己巳	郭燦	己卯	伍仲	己丑	潘	己亥	謝壽	己酉	程寅	己未	傅悅
庚午	王清	庚辰	重祖	庚寅	鄔桓	庚子	虞起	庚戌	化秋	庚申	毛
辛未	李素	辛巳	鄭德	辛卯	范寧	辛丑	湯信	辛亥	葉堅	辛酉	文政
壬申	劉旺	壬午	路明	壬辰	彭泰	壬寅	賀諤	壬子	邱德	壬戌	洪范
癸酉	康志	癸未	魏明	癸巳	徐舜	癸卯	皮時	癸丑	林薄	癸亥	虞程

另摘錄《全書》關於歲君的記載資料。

「歲君、火，乃流年太歲星君，與諸凶神相遇，皆與不謀，忌與大小二限相沖，若逢大限，遇紫、府、昌、曲、左、右、魁、鉞吉星扶救，災少，方防六畜死失”，若遇羊、陀、火、鈴、劫、空、傷、使，財破身亡。

女命逢之，防產難之厄，若有救可活，多死亡。」《協記辨方書，神經杷》云：

「太歲、人君之象，率領諸神統正方位，斡運時序，總成歲功，以上元閼逢困敦之歲起建於子，歲徙一位十二年一週，若國家巡狩省方，出師略地、營造宮闕、開拓封疆，不可向之，黎庶修營宅舍、築壘墻垣，並須迴避。」

再者，賦文主要是闡述「博士十二星」的星性與意象。為使各位有全盤完整的認識，筆者特將相關資料彙集併整理如後，供作研習之參考。

《博士十二星吉凶訣》：

博士聰明力士權，青龍喜氣小耗將；
將軍威武奏書福，蜚廉主孤喜神延。
病符帶疾耗退祖，伏兵官府口舌纏；
生年坐守十二煞，方敢斷人禍福源。

(1)博士：屬水，主聰明。喜居命宮，且喜與昌、曲、輔、弼、魁、鉞、天機同會。

(2)力士：屬火、善佐權主星、主權勢，喜與巨、武、殺、破、化權會逢，但忌逢擎羊，因二星相遇，會有相互爭權之徵象。

(3)青龍：屬水，主喜氣，財祿有機變，最利辰生人，辰宮限，以及流年遇之，皆吉。

(4)小耗：屬火，主耗錢財，亦即有錢財上耗損的現象，是為一種程度上的損失。

(5)將軍：屬木，主威武，有得意威風、狂傲自責之意象，是屬於一種心性氣質上之展現。

(6)奏書：屬金，主福祿，主有因文書而得福或祿。

(7)蜚廉：屬火，主孤剋，最忌入命身、父母宮，有遭誹謗、名譽受損之徵象。

(8)喜神：屬火，主延續傳承，喜慶吉事之徵象。

(9)病符：屬水，主災厄疾病，不利與流年病符星相遇，否則，災厄疾病立見。

(10)大耗：屬火，主耗敗，與前述「小耗」，有著程度上之差異，最不利於祖業與田宅的損耗。

(11)伏兵：屬火，主是非口舌，屬程度較輕的麻煩事。

(12)官府：屬火，主官司訴訟，屬程度較重的禍事。

另外，亦有依此而論斷小兒之形貌，如下：「小兒博士力士，上短下長；青龍將軍，腮小頭圓；大耗，鼻仰唇縮；死符病符，聲高性雄；官府奏書逢惡曜，落地無聲；白虎太歲遇七殺，幼弱遭傷，須分生剋制化之垣，更看時祿衰敗之地，後觀關殺，方知壽夭窮通。」

童子限如水上浮漚，老人限似風中燃燭，遇殺無制，乃流年最忌。人生榮辱，限元必有休咎；處在孤貧，數中並無駁雜。學者至此，誠玄微矣！

一般而言，初生幼兒的存活率主要是看命身、父母與疾厄宮。命身宮是看其先天體質的好壞，或有遺傳性的疾厄，父母宮則看父母親對其照顧的如何，疾厄宮是為命宮之氣數宮位，主要看其體質的抵抗力如何。

至於老人的限運，一般均喜柔和婉順的星曜為宜，畢竟，一個人在歷經了青、中、壯年期的打拼與奮鬥後，不論是身體或是心理上，均已達到顛峰狀態之後的衰退現象，若是此時的限運所逢會的星曜，仍是那麼具有衝刺與拼鬥性，相信不用筆者多作贅述，各位亦自可判斷其適合與否。

至於賦文最後的敘述文字，也不過是古之學者對人生運途的一種感嘆罷了。終究，太過平坦且一帆風順的人生，過起來也終嫌枯燥與乏味，不是嗎？

第三章　《形性賦》解析

一、前言

形者，形貌、相也；性者，性情也。《形性賦》的內容即是藉著星曜的喜、忌、吉、凶，而來表徵一個人的形貌與性情。因此，若是能再融合《相學》的理論與知識而綜合研討與比較，相信所得的徵驗效應，一定更能有所發揮與演繹引申的。所以，筆者於後面的諸章節中盡量地收集並整理相關的相學理論，共同合參且相互研究，希望對各位於研習上可收相得益彰的效果。

原註

形者，形狀也。性者，心性也。謂星之有喜、有忌、有凶、有吉，皆在形、性見，人品之善惡皆自此也。

（註：此為《全集》對此篇賦文名的眉批。）

二、原文

夫紫微帝座，生為厚重之容。
天府尊星：當主純和之體。
金烏：圓滿。
玉兔：清奇。
天機：為不長不短之資，情懷好善。
武曲：乃至剛至毅之操，心性果決。
天同：肥滿，目秀清奇。
廉貞：眉寬、口闊面橫，為人性暴，好忿好爭。
貪狼：為善惡之星，入廟必應長聳，出垣必定頑囂。
巨門：乃是非之曜，在廟，敦厚溫良。
天相：精神、相貌持重。

天梁：穩重、心事玉潔冰清。
七殺：如子路、暴虎馮河。
火、鈴：似豫讓、吞炭裝啞。
暴虎馮河兮，目大凶狠；
吞炭裝啞兮，暗狠聲沈。
俊雅文昌，眉清目秀。
磊落文曲，口舌便佞。
在廟，定生異痣；失陷，必有瘢痕。
左輔、右弼：溫良敦厚，端莊高士。
天魁、天鉞：具足威儀，重合三台，則十全模範。
擎羊、陀羅：形醜貌麄（粗），有矯詐體態。
破軍：不仁，背重眉寬，行坐腰斜，奸詐，好行驚險。
性貌如春和藹，乃是祿存之情德。
情懷似火鋒衝：此誠破耗之威權。

星論廟旺，最怕空亡。

殺落空亡，竟無威力。

權、祿：乃九竅之奇。

耗、殺：散平生之福。

祿逢梁蔭：抱私財益與他人。

耗遇貪狼：漊淫情於井底。

貪星入於馬垣：易善易惡。

惡曜扶同善曜：稟性不常。

財居空亡：巴三覽四。

文曲旺宮：聞一知十。

暗合廉貞：為貪濫之曹吏；身命司數，實奸盜之技兒、豬屠之流。

善、祿：定是奇高之藝，細巧伶俐之人。

男居生旺、最要得地：女居死絕，專看福德。

命最嫌立於敗位：財源卻怕逢空亡。

機、刑、殺、蔭孤星論，嗣續之宮，加惡星、忌、耗，不為奇特。

陀、耗、囚之星守父母之躔，決然破祖，刑、傷兼之。

童格宜相、根基要緊。

紫微：肥滿。

天相：精神。

祿存：祿主，也應厚重。

日、月、曲、相、同、梁、機、昌：皆為美俊之姿，

是清奇之格，上長下短、眉秀目清。

貪狼同武曲：形小、聲高而量大。

天同加陀忌：肥滿而目眇。

擎羊：身體遭傷。

若遇火、鈴、巨暗：必生異痣。

又值耗、殺：定主形醜貌麄。

若居死絕之限、童子乳哺、徒勞其力；老者亦然，壽終。

此數中之綱領，乃為星緯之機關，玩味專精，以參玄妙。
限有高低，星尋喜怒！
假如運限駁雜，終有浮沈。
如逢殺地，更要推詳。
倘遇空亡，必須細察。
精研於此，不患不神。

三、分段解析

夫紫微帝座，生為厚重之容。

解析

《全書》云：「紫微面紫色或白清、腰背肥滿，為人忠厚老成，謙恭耿直。」

紫微面型是屬長圓，若以面相學三停理論來看，其形狀如下：

特點：額與地閣均圓，但整體呈長型。《麻衣神相全編》云：「三才者，額為天、欲闊而圓，名曰有天者貴。鼻為人、欲正而齊，名曰有人者壽。頦為地、欲方而闊，名曰有地者富。」由此，我們可輕易地瞭解紫微為貴，但並不一定為富之意象。身材中等，腰背豐厚重實，故賦文謂「厚重」。

紫微、貪狼：臉型肉薄面扁。

紫微、天府：臉型方圓。

紫微、七殺：臉型下停成方形。

紫微、破軍：臉型略帶稜骨。眼神閃爍游移不定。

紫微逢輔、弼或吉曜：臉型豐滿穩重大方。

紫微落陷且無逢佐曜：臉部五官雖端正，但卻有缺陷或遺憾。

天府尊星：當主純和之體。

解析

《全書》云：「為人面方圓，容紅齒白、心性溫和、聰明秀麗，學多機變，能解一切厄。」

天府的臉型有呈方形、長方形或略呈蛋形之象，身寬體胖，或中年後會有趨胖的現象。

天府、廉貞：面色黃白、皮膚粗糙且黧黑。

天府會祿存、吉曜：身材微圓稍胖，眼神溫厚柔和，令人喜與其接近。

天府逢煞忌：臉型較為消瘦，有缺陷，且眼神飄浮、閃爍不定。

若依〈十字面相法〉，大概屬「用」字形臉型。

（如彌勒佛似好好先生，與世無爭、喜幫助他人，但卻易受欺騙。）

金烏：圓滿；玉兔：清奇。

解析

「金烏」是指太陽。入廟臉型豐滿飽厚；落陷則略呈尖削長形。由於太陽屬火、其呈顯的色澤為白光，故面色亦有相同的顯象表徵。

「玉兔」是指太陰。入廟臉型有如月圓皎潔徵象；落陷則有削薄之表徵。

另，日月又有主眼的理論認定，《麻衣神相全編、相目篇》云：「天地之大，託日月以為光，日月為萬物之鑑，眼乃為人一身之日月也。左眼為日、父象也；右眼為月，母象也。」因此：

太陽逢煞、忌曜：主雙目形狀不一，高低不等，且亦有眼疾之病症。

太陰亦同。

天機：為不長不短之資，情懷好善。

解析

《全書》云：「天機、木、南斗化善星。……入廟、身長肥胖，性急心慈，機謀多變。」

天機、五行屬木，故面型呈顯長瘦之狀，入廟，身長肥胖。

天機、天梁：目光內斂沉穩。

天機、太陰：目光靈活機巧。

天機、巨門：目光飄浮游移。

若依「十字面相法」，大概是屬「申」字形臉型。

（逢吉曜是一個很好的幕僚參謀人材，反之，為心機巧詐，思維複雜之人。）

武曲：乃至剛至毅之操，心性果決。

解析

《全書》云：「武曲性剛果決、心直無毒，形小聲高而量大，最喜甲己生人，福厚，有毛髮之異。」

武曲，五行屬金，故面色大都呈現青白色，落陷（生銹），則呈青黑色。面型長圓略帶稜線。若屬「天羅地網」，有伸展不開、英雄無用武之地之遺憾，故其面部稍嫌瘦削尖長之表徵。

天同：肥滿、目秀清奇。

解析

《全書》云：「天同、水、南斗化福，為福德主。天同入廟、肥滿清明、仁慈耿直。」《入男命吉凶訣》：「天同坐命性溫良，福祿悠悠壽更長。若是福人居廟旺，定教食祿譽傳揚。」《入女命吉凶訣》：「天同守命婦人身，性格聰明伶俐人；昌曲更來相會處，悠悠財祿自天申。」

天同臉型或圓、或方，均呈肉多豐滿之態，心慈目祥和，是為樂觀滿足的人生顯象。

天同逢忌，眼神呆滯無神，再逢煞曜如巨門、火、鈴等，則主破相之徵驗。

廉貞：眉寬、口闊面橫，為人性暴，好忿好爭。

解　析

《全書》云：「廉貞、火、北斗化次桃花、殺、囚星。為官祿主。為人身長體壯，眼露神光，眉毛中大，吹骨亦露，性硬、浮蕩、好忿爭。」

廉貞、貪狼：面色蒼白、目露邪光。

廉貞、天府：面色黑黯，眼神精光發露。

廉貞若逢煞、忌星曜，則有眼露凶神，眉露稜骨，顴骨高突尖削，鼻見孔。

貪狼：為善惡之星，入廟必應長聳，出垣必定頑嚚。

解析

《全書》云：「貪狼入廟，長聳肥胖。陷宮、形小、聲高而量大。性格不常，心多計較，作事急速，不耐靜，作巧成拙，好賭博、花酒。」

貪狼臉型或長圓形，或方形，只要沒有逢會煞、忌曜，否則，會有肉薄削瘦，或有痣斑破相之虞。

巨門：乃是非之曜，在廟，敦厚溫良。

解析

《全書》云：「巨門、水、北斗化暗、主是非。入廟身長肥胖，敦厚清秀；不入廟，五短瘦小，做事進退疑惑，多學少精，與人寡合，多是多非，奔波勞碌。」巨門的臉型有如門的形狀，身材大多短小精悍。若是與煞、忌曜會，主其人「白目」、斜眼看人；與陀羅，有胎記、異痣之徵；如會逢太陽，手毛腳毛體毛均多且長。

若依「十字面相法」，大概是屬「同」字形臉型。

天相：精神、相貌持重。

解 析

《全書》云：「為人相貌敦厚，持重清白、好酒食、衣祿豐足。」天相臉型方中帶圓，中等身材，但中年後會有發胖之傾向。五官端正，面色青黃帶白色。若與殺、耗、忌曜會逢或相對，有破相之虞，尤其是眼神。

天梁：穩重，心事玉潔冰清。

解析

《全書》云：「天梁、土、南斗化蔭主壽星。厚重清秀、聰明耿直，心無私曲，好施濟，有壽。」

天梁臉型方長形，面部輪廓明晰清楚，眉眉角角（台語發音），但身材略顯肥胖，尤其是屬於巳午宮。若與吉曜同宮，眼神清澈明朗；若與凶、煞、桃花曜者，則全眼神呈現嚴厲、殺氣之象。

七殺：如子路，暴虎馮河。

解析

《全書》云：「自大、性急不常，喜怒不一，作事進退沈吟。廟旺，有謀略。」

子路、孔子弟子，本名仲由，一字季路。暴虎馮河是謂人有勇無謀之意。

七殺臉型長方削瘦，逢祿存、化祿或吉曜者，則略顯肥胖態。眼神的表徵亦與其會逢之吉凶曜有關，會主曜，眼神清晰明朗；會殺、凶曜，則會有殺氣騰騰，銳利之象。

火、鈴：似豫讓，吞炭裝啞。

解析

豫讓，戰國時晉人。「吞炭裝啞」喻人有恩必報，有仇必討，善惡極端分明之謂。於此為聲音沙啞之意。

《全書》云：「火星、南斗浮星、火。性剛強出眾，唇齒、四肢有傷、毛髮生異，形容各別，諸宮不美。」又：「鈴星、火、南斗浮星，性毒。形神破相，膽大出眾。」

暴虎馮河兮，目大凶狠；吞炭裝啞兮，暗狠聲沈。

解析

本段賦文是接續前七殺與火鈴的靈動徵驗。

七殺雖然目大，眼神銳利，但不一定必為「太凶狠」之表徵。試想，一位在外的將軍，他的殺氣與衝鋒陷陣的氣勢是必然具備的，但若為「凶狠」，還必須得視其同宮的星曜（本身的個性），或是會逢星曜的吉凶（周遭的將士謀士）而定。

至於火、鈴星的「吞炭裝啞」，主要是闡述其人必具的聲音帶沙啞而言，因為，火鈴二星五行屬火，居命宮，其人火氣必大，除了聲音沙啞外，其人的毛髮定然亦異於常人。

俊雅文昌，眉清目秀。磊落文曲，口舌便佞。在廟，定生異痣；失陷，必有瘢痕。

解析

《全書》云：「文昌、金、南北斗、乃文魁星。眉目清秀分明，機巧多學多能。」又：「文曲、水、北斗司科甲星。與文昌逢，吉，主科第；單居身命，更逢惡殺湊合、無名，便佞之人。」

文昌主科甲、文學與名望，守人身命，其面色黃白色，臉型長圓，身材中高，體態先瘦後胖，眉目清秀俊麗，舉止優雅閒緻，善機變，學博識廣，是為一文學之宿主。

文曲主功名、文墨、風騷之儒士雅人，其人面色青黃，臉型圓長，或有痣，中等身材，先瘦後壯，為人高傲孤僻，善於辭令。

昌曲二星見火、鈴二星定主異痣，若再落陷，主胎記或瘢痕之徵驗。

左輔、右弼：溫良敦厚，端莊高士。

解析

《全書》云：「左輔、土、南北斗善星，佐帝令尤佳。若府、相、機、昌、貪狼、武曲會，更右弼同垣，富貴不小，貴，財官雙美。……旺宮，有暗痣。……女命：會吉星，旺夫益子。僧道：清潔。」左輔臉型圓長形，面色黃色，身材中高但略瘦，若與煞忌沖逢，主有傷殘且富貴不久。能文能武且風流性敦厚。

《全書》云：「右弼、土、南北斗善星，佐帝令。入廟、厚重、清秀、耿直、心懷寬恕、好施計、有機謀，諸宮降福，四墓尤佳。……有暗痣、瘢痕、傷殘帶疾。」

右弼臉呈小圓長形，身材中矮、纖身、有痣痕、精於文墨、樂善好施、心有謀略。綜合以上輔弼的個性氣質而言，大致有溫良敦厚、風雅端莊之表徵。

天魁、天鉞：具足威儀，重合三台，則十全模範。

解析

《全書》云：「大抵此星若身、命逢之，雖不富貴，亦主聰明，為人秀麗清白，有威可畏，有儀可象。」

天魁臉型圓臉但地閣略嫌狹窄，身材較瘦小且稍矮、面呈青黃色、性喜管閒事，心直口快，因此，若與吉曜逢會，人際關係佳；若會凶煞曜，反主口舌是非。

天鉞臉型方形地閣亦略嫌窄小，身材與天魁大致相同，心慈性和，樂善好施。

斗數中的「六貴星」即左輔、右弼、天魁、天鉞、文昌與文曲，其外在的形態均可以高貴端莊秀氣言之，性情亦皆有助人為學之現象，但有一點各位必須瞭解且注意：「雪中送炭」的事，他們大都不屑為之；「錦上添花」卻是他們很熱衷的「善」事。

擎羊、陀羅：形醜貌麄，有矯詐體態。

解析

《全書》云：「擎羊、火金、北斗浮星、化刑。入廟、權貴身旺。形相破相，剛強果決、好勇鬥狠、機謀狡詐、橫立功名、能奪君子之權。……女命：入廟、權貴；陷地、傷夫剋子、孤刑、破相、賤淫。」

擎羊臉型甲字形，但多有傷殘，或眇目，或痲面破相之遺憾，身材屬中高型，性奸滑而多是非，性情暴烈不穩定。

《全書》云：「陀羅、火金、北斗浮星、化忌。入廟，身雄形粗，賦性剛強，破相氣高，橫發橫破，不守祖業，為人飄蓬，不作本處民，做事退悔，有始無終。……女命：內狠外虛，淩夫剋子，不和六親，又無廉恥。僧道：吉。」

陀羅臉型圓方形，面頰輪廓較寬，身材中等，顏面、唇、齒帶傷或破相，尤其是牙齒，性格不正且奸滑。

破軍：不仁，背重眉寬，行坐腰斜，奸詐，好行驚險。

解析

破軍臉型長形或圓形，或破相，或口吃，身材五短，略胖。

《全書》云：「破軍、水、北斗化耗星。主妻子、奴僕。形五短、背厚、眉寬、腰斜、性剛、寡合爭強、棄祖發福、好博禽捕獵。……更入水鄉，殘疾、雖富不久、夭折。……女人：子、午入廟，有疾病；陷地加殺，下賤淫慾。」

其實對於破軍形性的看法，一定要從多方面，即三方四正宮位去相互研考，方才不致有所偏失。例如破軍入廟，或逢祿，反有主眼神清朗、相貌穩重端莊之徵驗，這與賦文所言是迥然不同的徵象，所以，關於此點各位讀友務必要特別謹慎與注意。

性貌如春和藹，乃是祿存之情德。

解析

《全書》云：「祿存、土、北斗司爵貴星。持重、心慈、耿直有機變，多學多能。……女命：清白秀麗，有男子之志。」

祿存臉型圓形或圓方形，身材微高且瘦，若居陷地，主有傷殘、孤寒之相。如若「祿馬交馳」，則臉型呈額方且圓滿厚實相。

情懷似火鋒衝：此誠破耗之威權。

解析

「破耗」是指破軍之謂也。至於相關論述請參閱前節即可。在此，筆者僅作一點的補充，即破軍逢祿與不逢祿，其間的分別很大，請各位特別注意觀察為是。

星論廟旺，最怕空亡。殺落空亡，竟無威力。

解析

斗數中有言及空亡的星有：天空、地劫、地空、截空、旬空等，但此處是針對著「地空、地劫」二星而言。

《全書》云：「地空、火，乃空亡之神。性重、作事虛空、不行正道、成敗多端、不聚財、退祖榮昌。空多，不吉，名曰『斷橋』。有吉、禍輕，四殺加少者，平等論；多者、下賤。……經云：『項羽英雄，限到天空而喪國。』……女命：單守，只可為偏房奴婢。」

《全書》云：「地劫、火，乃劫殺之神。性重、作事疏狂、動靜憎惡，不行正道，為邪辟之事。有吉、禍輕。三方四正加殺，少者，平等論。……女命：只可為偏房，奴婢而已。」

地空臉型申字形，天庭窄狹、地閣不豐。有吉、矮胖，否則，身形枯槁乾瘦。

地空臉型申字形，天庭窄狹，地閣不豐。有吉、矮胖，否則，身形枯槁乾瘦。二星入人身命，均主獨寂飄泊、喜怒無常，行事邪門歪道，宜僧道之流。

權、祿：乃九竅之奇；耗、殺：散平生之福。

解析

本句賦文所言，本就是一種社會的現實表態，也可以說是人生運途坎坷順遂的決定關鍵要素。

「權、祿」，本就是相輔相成之事，亦是眾生營營碌碌的終身所求。有祿可買權，有權可得祿；因此，社會人心的「貪、嗔、癡」由是而起，戰爭、禍害、混亂亦皆肇始於此。是故，所謂的「四大皆空」，所謂的「心靈改造」，……等亦皆因應而生來抵制。

但是，有效嗎？可制止嗎？相信不用多說，各位早就已心知肚明了。畢竟「權勢、物欲、財富」，誰人不想、誰人不要，除非……不做人，即非人而為「佛」也。

至於「耗、殺」，皆是對吾人有害無利的東西，當然，眾人對其會有如「談虎變色」，以及最好是「棄之如敝屣」的心態表徵。然而，我們若是站在「得失」的標準上而言，「失」又何嘗不是「得」，「得」又何嘗不是「失」呢？相信各位都看過「太極」的圖形吧！不妨冷靜且心平氣和地思考一下。

對於解決這一類型來論命者的問題，筆者總是用一種方式來輔導，這種方式不但簡明易懂，而且十分地實用。那就是：有空的話，不妨走一趟墳場，而且能心平氣和地「看」與「想」。如此，對於人生的一些成敗、得失、毀譽等，一定會有更高層次的突破。俗諺「人生如夢、夢如人生」，「人生猶如一場戲，最重要的；僅是要分辨清楚自己扮演者何種角色而已。」

聰明的讀者，看到此處，對於人生所求的真義，相信一定能有所體會與領悟吧！

祿逢梁蔭：抱私財益與他人。

解析

男命，主服務犧牲於社會大眾，又與祿存會逢，則主施財濟人之象。

女命，主倒貼，淫奔之象，尤以天梁居陷地，尤為顯著。

耗遇貪狼：淒淫情於井底。

解　析

賦文所言即破軍會貪狼。

貪狼入於馬垣：易善易惡。

解　析

「馬垣」即指寅、申、巳、亥宮。但其決定的重點在於馬——變動、不穩定之意象。若依八卦而言，是居乾卦（天門）、坤卦（人門）、巽卦（地門）、艮卦（鬼門）之位，而「天、地、人、鬼」即代表著自然界地、水、風、火，四大基本的循環要素，托依於宗教名詞即「輪迴」之意。

惡曜扶同善曜：稟性不常。

解析

命學中對於善、惡的分野認定，實是很現實且不樂觀。所謂的「善」，大都指富、貴、壽、福等；所謂的「惡」，大都指貧、賤、病、夭等。這些不過是一種「明」的、「陽」的象徵，至於另一面的意義，總是略而不述。

如果，各位對於《易經》所闡述「陰中有陽、陽中有陰」的理論，作深入地探討與研究體會；或是已具有豐富的人生經驗，經歷了社會的百態滄桑，相信對於「善」、「惡」的分野認定，或是其所展現之徵象，一定是僅能會意於心，但卻無法言傳。畢竟，善、惡，僅是在一念之間，不是嗎？

財居空亡：巴三覽四。

解析

「巴三覽四」即指心不在焉，猶豫不定之意。空亡為耗星，財星見耗星其結果如何，相信不用筆者多作贅述，各位亦自可瞭解。

文曲旺宮：聞一知一。

解析

文曲五行屬水，主聰明，多才多藝。除了寅、午、戌、申四宮外，文曲均屬廟旺。如入金宮、博學強記、飽覽群書；如入木宮，才華受肯定賞識，有所成就。

暗合廉貞：為貪濫之曹吏；身命司數，實奸盜之技兒、豬屠之流。

解析

本句賦文是承接上句之文曲一曜而言。文曲為「暗曜」，主才華、聰明、機巧，如若與廉貞逢會（註：廉貞意象可參考前章節，或筆者相關之著作），其優游於法律漏洞的功夫與能力，一定令人嘆為觀止。

至於下半句的賦文，實是綜合惡煞星入身命的結語，如《全集》：「吉曜相扶凶曜臨，百般巧藝不通亨；若逢身命遇惡曜，只做屠牛宰馬人。」《骨髓賦註文》云：「貪狼、廉貞、破軍惡，七殺、擎羊、陀羅凶。」「數」者，即是闡述氣數變化的演繹，當然，就是泛指著命盤所具的時空意義而言。

善、祿：定是奇高之藝、細巧伶俐之人。

解析

古代的「藝」與現代的「藝」若就層次範圍而言，是絕對的無法相提並論的。古時的「藝」即指「六藝」——禮、樂、射、御、書、數，以及所謂的「三百六十五行業」，但若於現代的「藝」而論，又何止限於「六藝」，或「三百六十五行業」之數量。「善」指天機；「祿」指祿存或化祿而言。

《骨髓賦註文》云：「昌、曲、祿、機，清秀巧。」《諸星問答論・天機篇》云：「或守於身，更逢天梁，必有高藝隨身。」

男居生旺，最要得地；女居死絕，專看福德。命最嫌立於敗位，財源卻怕逢空亡。

解析

在前面章節中，筆者即已將「長生十二運」是人生旅程的象徵意義做過闡釋，在此就不多作贅言。

自古以來，即有男主外之意象，所謂「男兒志在四方」「要養家糊口」等等，而「生、旺」即是運途順遂得意的象徵，再配合宮位得地的事實，如此，成功成就即預期可得。

至於下一句「女居死絕，專看福德」，這僅是古代大男人主義社會下的產物，所謂的「嫁夫隨夫、嫁狗隨狗」，「出嫁靠夫、夫死靠子」等，總是將女子的命運視為男性旗下的附屬品。然而，隨著時空的轉變，社會背景型態的不同，這些理論都必須隨之重新定義與立論，否則招牌被拆，或是吃衛生眼、五行掌的機會，保證是指日可待的事實了。

總之，現今的論命不論是在觀點上，或是角度上，都必須隨著時代潮流的趨勢，以及社會的結構型態，做出適當的調整與改進。如此，方可得到正確且適宜的輔導效果。

「敗位」即沐浴位，象徵著骯髒、無力或不穩定性，命若屬之，其失敗與無奈定是必然的現象。

「空亡」即指生年干支的空亡，是依六甲旬中空亡而得。如附表：

<六甲旬中空亡>

空亡支	六十甲子									
戌、亥	甲子	乙丑	丙寅	丁卯	戊辰	己巳	庚午	辛未	壬申	癸酉
申、酉	甲戌	乙亥	丙子	丁丑	戊寅	己卯	庚辰	辛巳	壬午	癸未
午、未	甲申	乙酉	丙戌	丁亥	戊子	己丑	庚寅	辛卯	壬辰	癸巳
辰、巳	甲午	乙未	丙申	丁酉	戊戌	己亥	庚子	辛丑	壬寅	癸卯
寅、卯	甲辰	乙巳	丙午	丁未	戊申	己酉	庚戌	辛亥	壬子	癸丑
子、丑	甲寅	乙卯	丙辰	丁巳	戊午	己未	庚申	辛酉	壬戌	癸亥

機、刑、殺、蔭孤星論，嗣續之宮，加惡星、忌、耗，不為奇特。

解析

本句賦文是針對子嗣種種的狀況而言，而文中的機—天機，刑—擎羊，殺—七殺，蔭—天梁，忌—陀羅，耗—破軍，惡星—廉貞、貪狼、化忌等星曜，若是入子女宮，多主子女少、夭折、流產或墮胎、不肖等徵驗，因為，這些星曜的性質均有「孤」的性質，故賦文方有「不為奇特」之謂。

陀、耗、囚之星守父母之躔、決然破祖，刑、傷兼之。童格宜相，根基要緊。

解析

父母宮又有相貌、遺傳宮之稱謂。因此，若是惡、耗、煞曜星入父母宮，一定會對父母、遺傳狀況、幼年的保護環境等，產生不良的影響徵象。

講到此處，筆者曾接到讀者來電詢問有關拙著《全方位論斗數、下冊》第四四頁所云：「童限即第一運限……主要是看『父母宮』的好壞而決定。」哪有這麼單純？那麼簡單？其實，童限的看法，各家的觀點與角度都不同，如果真要追求或依循眾家之論，保證你不但是無從下手，甚至連原有的認知理念也被攪糊塗了。坦白地告訴各位，筆者曾經也如同大家一樣，聽到有什麼「大師」出現，就迫不及待地將大把大把的鈔票如數奉上，只求「大師」們能指點透露些微的訣竅，或者是耳聞有不傳的古文秘笈，一定千方百計不論代價多少，非得尋得方才罷休。

儘管我是如此誠心地研習與探求，是如此地沉迷於五術學術的神秘殿堂，更是如此地相信且崇拜那些「大師」所擁有高人一等的訣竅與法門（每見於報上的廣告，均是做如此的介紹、自吹自擂。）但是，到頭來，仍然還是徘徊在「求師、求秘笈」的階段，而無法脫拔。這些情形一直持續了好多年，直到真正的大師蔡燕萍小姐（國際美容機構的負責人）的一句廣告名言：「自然就是美。」才真正地點醒了我，而脫離了往昔的「傻」與「憨」。想想，這也已經是十多年以前的事了，但是，很奇怪地，當年那些自詡為「大師」授徒的老把戲，現在翻開報紙不但仍是大刊特刊，而且內容花招，還猶勝於往昔多多，只不過，不知道現在還會不會有如往昔一樣地生意興隆且門庭若市了。

話題扯遠了，言歸正傳。「童限」即是查看幼兒未上運之前的種種狀況，諸如：是否養得活？先天的體質如何？以及健康的狀況如何等等問題，這些問題的答案，「父母宮」的意象可說是佔了一大半，再加上後天父母對幼兒照顧的良好與否，更是一項不可或缺的重要關鍵因素。綜合以上的考慮焦點，即可得知「父母宮」的好壞，實與「童限」有著密不可分的關係存在。

紫微：肥滿。天相：精神。祿存：祿主，也應厚重。曰、月、曲、相、同、梁、機、昌：皆為美俊之姿，是清奇之格，上長下短、目秀眉清。

解 析

賦文中所列舉的星曜，大多為吉曜，而吉曜所顯現於人面相之表徵，亦必為清朗秀氣，但卻不一定是帥哥，或是美女。再者，審美的觀點與標準也是因人而異，所以，對於本句賦文最佳的解釋，最好還是論斷「氣質」為主。因為，其中「天機星」的長相，就未必能以「美俊之姿」，或是「目秀眉清」而釋義，尤其是逢會巨門星。

貪狼同武曲：形小、聲高而量大。
天同加陀忌：肥滿而目眇。

解析

貪狼同武曲，即俗謂的「短小精悍」的典型。
「肥滿」即滿腦肥腸的痴肥形狀。
「目眇」即大小眼之意，亦稱「陰陽眼」、「雌雄眼」。主其人性情奸險，喜怒不定，是具雙重人格的典型。若依其左右、大小、以及男女性別又可分為：

㈠男性：

(1)左眼大於右眼：主有欺侮妻室之象。

(2)右眼大於左眼：主畏妻如虎的懼內群族。

㈡至於女性而言，以上的徵驗則呈相反的情形。

（註：本段大小目的徵驗內容，皆摘錄自拙著《趣談面相是人生》，益群出版社發行。）

擎羊：身體遭傷。若遇火、鈴、巨暗：必生異痣。又值耗、殺：定主形醜貌麄。

解析

破軍、七殺與擎羊同度命宮，主破相之徵驗，故賦文方云：「形醜貌麄」。巨門、文曲逢陀羅，主有異痣，或毛髮捲曲之象徵。

若居死絕之限、童子乳哺、徒勞其力；老者亦然，壽終。

解析

本句賦文與「形性」無關，而且，幼兒的養活與否，以及老人的壽終年限，又豈是光看五行的死、絕，即可論斷驗證的。因此，一般認為本句的賦文，可能出自於江湖術士的手筆，不足採信也。

此數中之綱領，乃為星緯之機關，玩味專精，以參玄妙。限有高低、星尋喜怒！假如運限駁雜，終有浮沉。如逢殺地，更要推詳。倘遇空亡，必須細察。精研於此，不患不神。

解析

本段賦文如果仔細地閱讀，可發現實在是與整篇「形性賦」所闡述的重點，不但毫無連貫、且無一氣呵成的氣息，根本是風馬牛不相干的現象。這可能是後人，或是一些江湖術士所添加的結尾語，充其量不過是一種私自臆測的結論罷了。反正，大標題與大原則的撰寫記載，會有出差錯機率本來就很小，而且，又可滿足一己的虛榮心與成就感，何樂而不為呢？

第四章 《女命骨髓賦》解析

一、前　言

《斗數骨髓賦》、《女命骨髓賦》、《補遺骨髓賦》三篇，筆者之所以會選取本篇來做解析，一則是要提醒各位，時下社會的女權已抬頭，千萬不要再以古代的理論觀點來論斷女命；再者則可經由古賦文的內容，而瞭解古代命理學所展現大男人主義的事實。

此舉並沒有批評與譴責的意念存在，有的只是借以往的缺失，而做為現下實務論斷的資鑑，否則，收不到紅色潤金事小，若是招牌被砸且一世英名付之流水，那才真是得不償失且後悔莫及的大事了。

二、原　文

府相之星女命躔，必當子貴與夫賢。

廉貞清白能相守，更有天同理亦然。
端正紫微太陽星，早遇賢夫性可憑。
太陽寅到午，遇吉終是福。
左輔天魁為福壽，右弼天相福相臨。
祿存厚重多衣食，府相朝垣命必榮。
紫府巳亥相互輔，左右扶持福必生。
巨門天機為破蕩，天梁月曜女命貧。
擎羊火星為下賤，文昌文曲福不全。
武曲之宿為寡宿，破軍一曜性難明。
貪狼內狠多淫佚，七殺沉吟福不榮。
十干化祿最榮昌，女命逢之大吉祥。
更得祿存相湊合，旺夫益子受恩光。
火鈴羊陀及巨門，地空地劫又相臨。
貪狼七殺廉貞宿，武曲加臨剋害侵。

三方四正嫌逢殺，更在夫宮禍患深。

若值本宮無正曜，必主生離剋害真。

已前論賦俱係看命要訣，學者宜熟玩之，乃得原委也。

（註：斗數眾多賦文中，僅有此篇是專就女命而論述，但由於字句太過於簡陋，且艱澀晦明，又不太符合時下實際的訴求，故大都僅是依其作為參考演繹之用。盼望各位讀者於研習時，亦需特別有此認知。方才不會被其所誤。）

三、分段解析

府相之星女命躔，必當子貴與夫賢。

原　註

午宮安命，二星坐守，甲生人合格。子宮安命，二星坐守、己生人合格。申宮安命、二星坐守，庚生人合格。必作命婦，榮膺封誥是也。

解析

祇要是稍具星曜排列之觀念者，一定知道天府與天相二星是絕對不可能同宮坐守的，只能有三合拱照逢會的機會，因此，對於原註文之錯誤，實在是令人難以理解。《骨髓賦》云：「府相同來會命宮，全家食祿。」即是最佳的例證。

天府主財帛、天相化印主官祿；又斗數人事十二宮中，財帛宮與福德宮相對，官祿宮與夫妻宮相對，如此地財星入財宮，官星入官宮，再加上在命學對於女命的認定，均是著重於貴賤從夫，以及物質生活富裕與否的觀點上。因此，對於此「府相」的格局，自然被認定為上佳的格局。

然而，若是依據其格局的顯示，凡天府或天相守命的人，其夫妻宮必逢破軍或貪狼值守，先不論夫妻宮與官祿宮的相對影響效應如何，就僅以夫妻宮的星曜觀之，其配偶「賢」的徵驗，好像就得畫上「？」；如果再就二宮綜合觀看，此女命之配偶亦必是古詩賦中所謂的「商人重利輕別離」的典型代表，凡如此種的「夫貴」意象，相信大多數的女性朋友情願不要，否則，只有重蹈「悔教夫婿覓封侯」之無奈情景了。

另外，古代對於女命、子息的論斷，由於總是拘限於大男人主義的觀念立論，因此，也總是逃脫不出「嫁夫隨夫、夫死隨子」的迂腐觀念裡。因此深厚的「養子防老」的理念，即成為古命學中論斷女命晚年好壞的依據。但是若以時下社會的女性而言，「養子防老」的觀念早就不復存在了，再加上如古賦文所言的「凡觀女人之命，先觀夫、子二宮」的理論，實在也未免呈顯過於偏執且不重視女性的心態傾向。因此，奉勸時下社會為人論命者，千萬不要再一味地依循古法而論，畢竟，時代不同了，各種的思想與觀念也應該有所轉變，如此，方可適應與符合時代社會的趨勢。

廉貞清白能相守，更有天同理亦然。

原註

廉貞在未宮安命，甲生人合格；申宮坐命，癸生人合格；寅宮坐命，己生人合格；俱為上格看。天同寅宮坐命，甲生人合格；卯宮坐命，乙生人合格；戌宮坐命，丁生人合格；巳宮坐命，丙生人合格：亥格坐命，丙、辛生人合格。必定主富貴。

解析

賦文所言是針對著女性「貞操」問題而敘述，但註文卻是圍繞著「富貴」而闡釋。斗數古賦文中類似此種牛頭不對馬嘴的情形，還真是經常可見，豈不令人覺得怪異非常？

其實，有關女性「貞操」問題的認定標準，也不過是男人所制定出來的。畢竟，在大男人主義的心態下，有哪一個男人喜歡「被綠巾蓋頂」這檔事，因此，方才有種種的教條或是衛道思想約束之。但，反觀男性，不僅是能坐擁三妻四妾為應該，更能自如地周旋於花叢柳宿間而引以自傲。想想，諸如此種極端不平等的待遇，在古代可是想當然耳，且是不容置疑的事實，但若是於現今社會言之，那根本就是謬論，且永遠也無法行得通的。

再者，女命的貞操認定，原本就是一件很複雜的問題，尤其是處於現今的社會中，有太多的因素能造成女性改變對貞操價值的認定。因此，若要論斷女性是否「清白」的問題，豈是僅以廉貞、天同就可論定之，還是按部就班地依命盤綜觀論述，如此，或許可以研判出一些女性「清白」與否的徵象。

端正紫微太陽星，早遇賢夫性可憑。
太陽寅到午，遇吉終是福。

原　註

子、巳、亥三宮安命，二宮坐守，主富貴。

太陽午宮安命，定主富貴。陷地、平常。

解析

紫微、太陽二星均為官祿主，又為父、夫、子之徵象，可謂是完全男性化的星曜。試問，此種星曜由女命擁有，則這種女性所表現意象的行為，會有哪位男士真正敢娶其做老婆的，但圍繞在她身邊之追求者必然會很多，這也是無庸置疑的。

再者，紫微星有帝王後宮三千佳麗的徵象，太陽星又是一顆發射且博愛的星曜，不論是哪一顆星入主女命命宮，都有提早情竇初開的時間，但至於是否會有遇夫之賢，那還有待商榷。賦文中所闡述的理念，是依循古代傳統農業社會的習俗而論，若移至現今社會，這種女性反而被認為是「叛逆」的典型表徵。

若再就《易經》的陰陽易數論之，女性屬陰，紫微、太陽星均屬陽，如此的陽星入陰宮的現象，於理論而言，是為不得地；於氣數上而論，是為不協調、不合諧的顯現。因此，各位不妨就時下一般所謂的「女強人」，或所謂「男人婆」的女性來做觀察，大都可發現一件事實，那就是這些女性在其事業上，均可展現其獨到的處理與經營手法，但是，對於其感情或是婚姻的處理，那可就是一個頭兩個大，因此，往往會有婚姻不幸福、不美滿的遺憾。

至於太陽午宮安命，即是「日正當中」、「日麗中天」之象，若是男命，還嫌太過招搖、鋒芒太露，何況是女性，因此，對於賦文所言「定主富貴」一說，筆者實是不敢苟同，倒是身邊經常有蒼蠅、蜜蜂、蝴蝶一大堆在「勾勾纏」（台語發音）倒是真的。另外，為使各位能更進一步的了解，筆者特將相關的命例圖稍作處理，以供作研習上之便覽比較。

廉貞 天府 官祿宮	女命：紫微居子宮		太陽 天梁 子女宮
			七殺 夫妻宮
破軍 福德宮		紫微 命宮 子	

廉貞 貪狼 官祿宮			
	女命：紫微居丑宮		
天府 福德宮			太陽 子女宮
	紫微 破軍 命宮　丑		夫妻宮

	廉貞 天相 官祿宮		
貪狼 福德宮	女命：紫微居寅宮		
紫微 天府 命宮 寅		破軍 夫妻宮	太陽 子女宮

<table>
<tr><td>天相
福德宮</td><td></td><td>廉貞
七殺
官祿宮</td><td></td></tr>
<tr><td></td><td colspan="2" rowspan="2">女命：
紫微居卯宮</td><td></td></tr>
<tr><td>紫微
貪狼
命　宮</td><td></td></tr>
<tr><td></td><td>天府
夫妻宮</td><td>太陽
子女宮</td><td></td></tr>
</table>

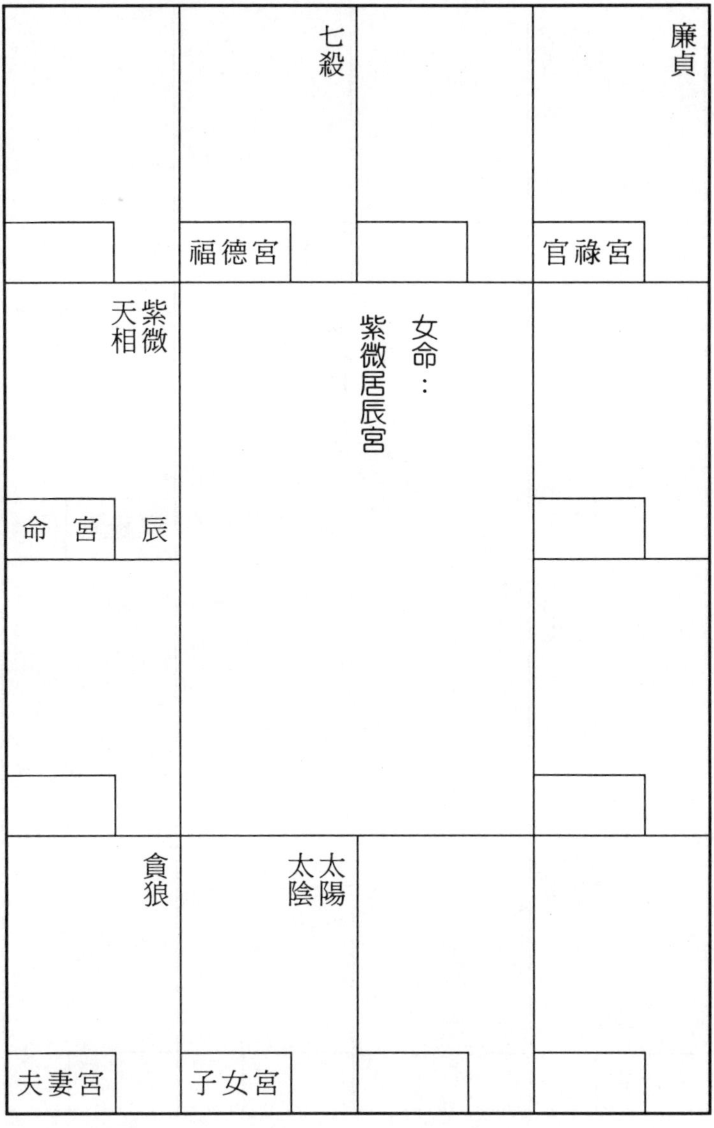

	七殺 福德宮		廉貞 官祿宮
紫微 天相 命宮 辰	女命：紫微居辰宮		
貪狼 夫妻宮	太陽 太陰 子女宮		

紫微 七殺 命宮		福德宮	
	女命： 紫微居巳宮		廉貞 破軍 官祿宮
天相 夫妻宮			
太陽 巨門 子女宮			

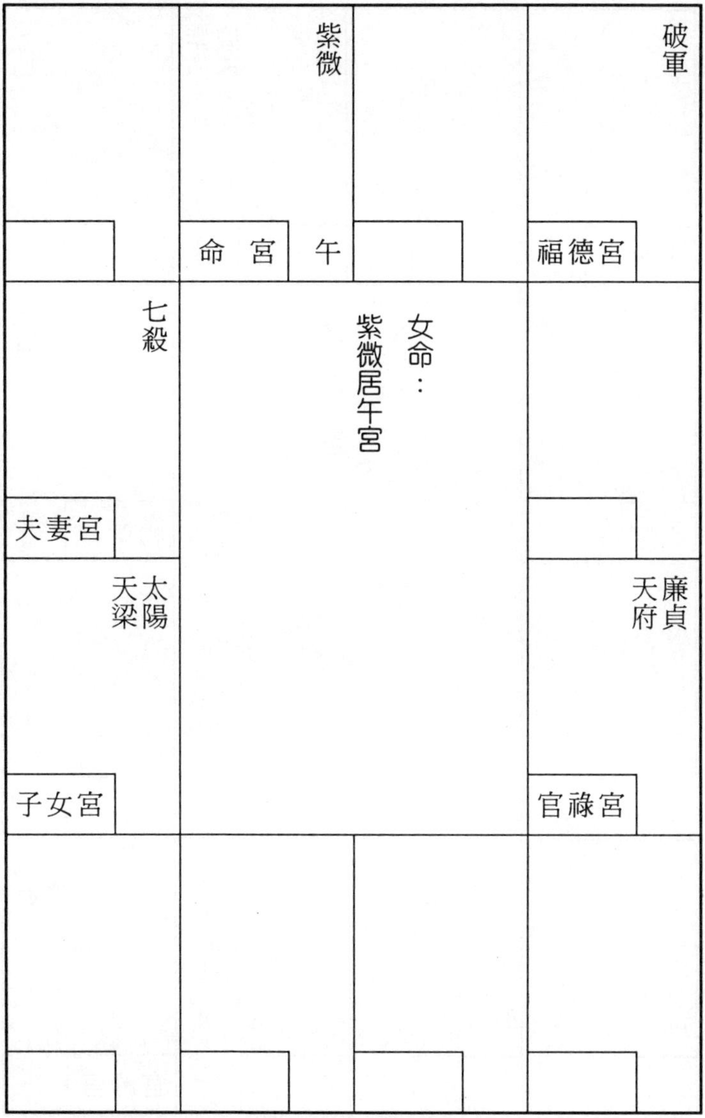

	紫微 命宮 午		破軍 福德宮
七殺 夫妻宮	女命：紫微居午宮		
太陽 天梁 子女宮			廉貞 天府 官祿宮

夫妻宮		紫微 破軍 命宮 未	
太陽 子女宮	女命：紫微居未宮		天府 福德宮
			廉貞 貪狼 官祿宮

太陽 子女宮	破軍 夫妻宮		紫微 天府 命宮　申
	女命：紫微居申宮		
			貪狼 福德宮
		廉貞 天相 官祿宮	

	太陽 子女宮	天府 夫妻宮	
	女命：紫微居酉宮		紫微 貪狼 命宮 酉
	廉貞 七殺 官祿宮		天相 福德宮

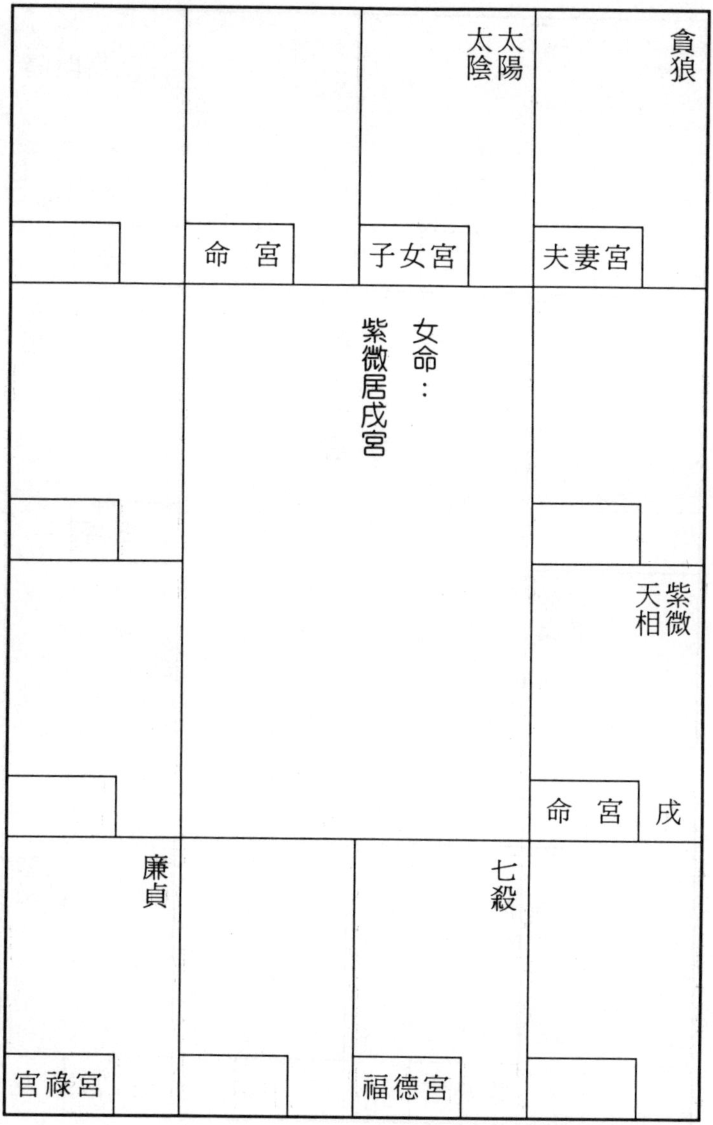

<table>
<tr><td></td><td>命宮</td><td>太陽 太陰
子女宮</td><td>貪狼
夫妻宮</td></tr>
<tr><td></td><td colspan="2" rowspan="2">女命：紫微居戌宮</td><td></td></tr>
<tr><td></td><td>紫微 天相
命宮 戌</td></tr>
<tr><td>廉貞
官祿宮</td><td></td><td>七殺
福德宮</td><td></td></tr>
</table>

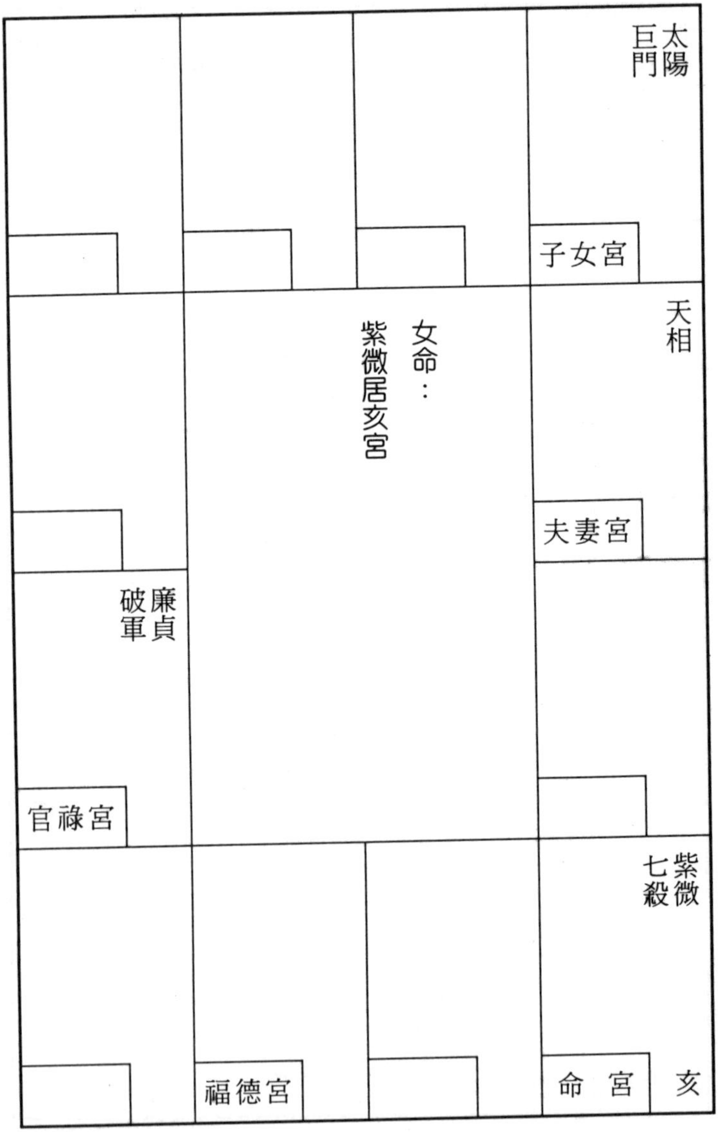

			太陽 巨門 子女宮
	女命：紫微居亥宮		天相 夫妻宮
廉貞 破軍 官祿宮			
	福德宮		紫微 七殺 命　宮　亥

左輔天魁為福壽，右弼天相福相臨。

原註

四星諸宮得地，如身命值此坐守，定主福壽榮昌。

解析

斗數的六貴星：左輔、右弼、文昌、文曲、天魁與天鉞。這些星都是帝王身邊的輔佐之臣，因此，它們的特性均有「助善不助惡」，以及只做「錦上添花」，不做「雪中送炭」之徵象。若是以現代的社會結構而言，這些星曜即是伺候上司，或是輔助上司之左右手，而女性所任大概就是「公關」或「秘書」等相關職業。

另外，天相這顆星曜於斗數十二宮中，均可算是一顆最好、最吉祥的星曜，也是帝王身邊得力的輔臣之一，但它卻非為天貴星之一，如今突然穿插於此句賦文中，實有令人產生懷疑之處，可是，不論是《全書》或是《全集》均取「天相」用之，難道是歷代的研習者一致認為無傷大雅，沒有妨礙其論斷徵驗，所以，才會有任其存在如是的現象？

古命學理論對於女命吉凶的斷語，大都取決於星曜的柔和與剛烈判之，所謂的「三從四德」，所謂的「大門不出、二門不邁」的事實，均認為女命具柔順和緩的星就是好命、上佳的格局；反之，不是以刑剋，就是以淫賊而予以概論。這種偏執的思想與訴求，當然不能再訴諸於時下的女性。

再者，由於現今社會的人際關係，可說是非常地複雜且曖昧不清，因此，對於女命，尤其是職業婦女坐有這些輔佐星曜而言，難免會有被「性騷擾」，或被老闆、上司因「公」而「關」上了不正常的男女關係，致而引發了不正常的婚姻關係。所以，對於古註文「定主福壽榮昌」之論，還真是見仁見智，畢竟，每個人有每個人的價值評斷標準，不是嗎？

祿存厚重多衣食，府相朝垣命必榮。

原註

祿存諸宮，守命並吉。紫、府、武曲三合守照，不富即貴；惟寅在申，申在寅為朝垣之格，甲、庚生人，上局；若辛、乙生人，次之；如丙、戊、丁、己、壬、癸生人，遇也；亥、子、午安命，不吉。

解析

祿存星的性情不論男女命均是主人貴爵，當人壽基且個性穩重、節儉。它是一顆有寶藏星曜的象徵，因此就必須有捍衛將士——擎羊與陀羅來保護。但若命宮只有單一祿存星坐守，其人必定是一個「扣仔仙」（台語發音），如果是女命，保證其配偶或子女的下半輩子一定沒有什麼幸福可言。

任何人的命盤，天府星與天相是恆在三合的宮位關係，而「府相朝垣」的格局即是指天相、天府居財帛宮、宮祿官而拱照命宮。此種格局組合是主榮貴，但亦最忌有煞星同度或中照，尤其是擎羊，否則，其主吉的效應必然減低程度。茲將女命「府相朝垣」的格局整理圖示如下：

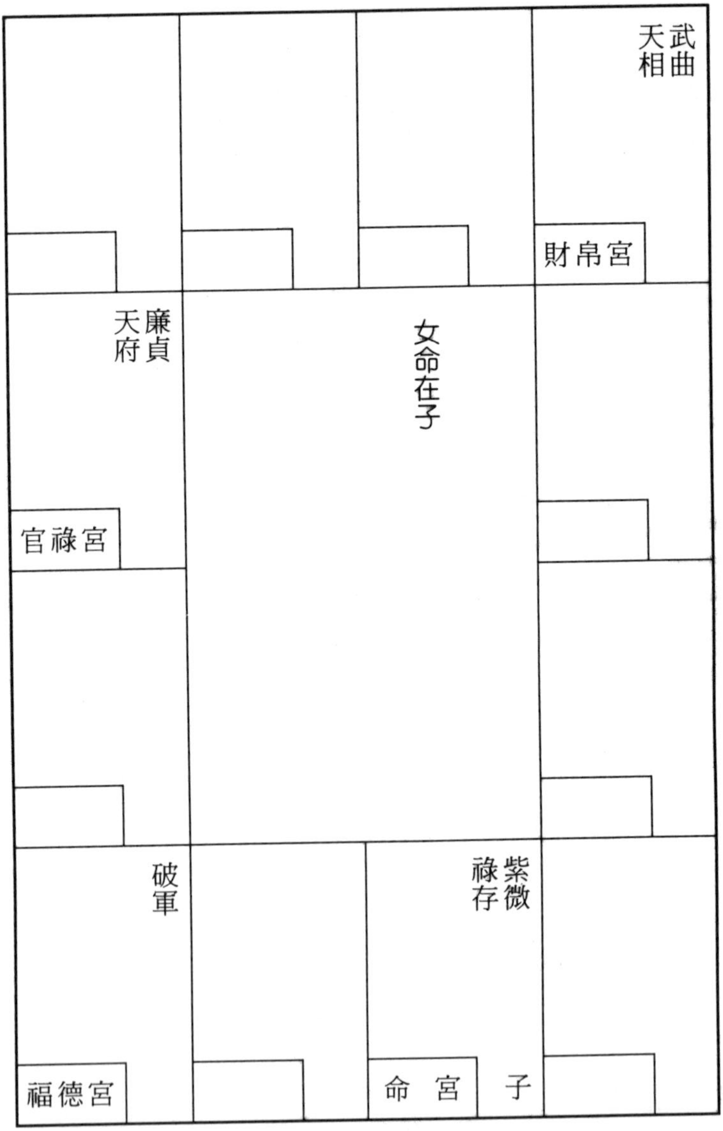

			武曲 天相 財帛宮
廉貞 天府 官祿宮	女命在子		
破軍 福德宮		紫微 祿存 命宮 子	

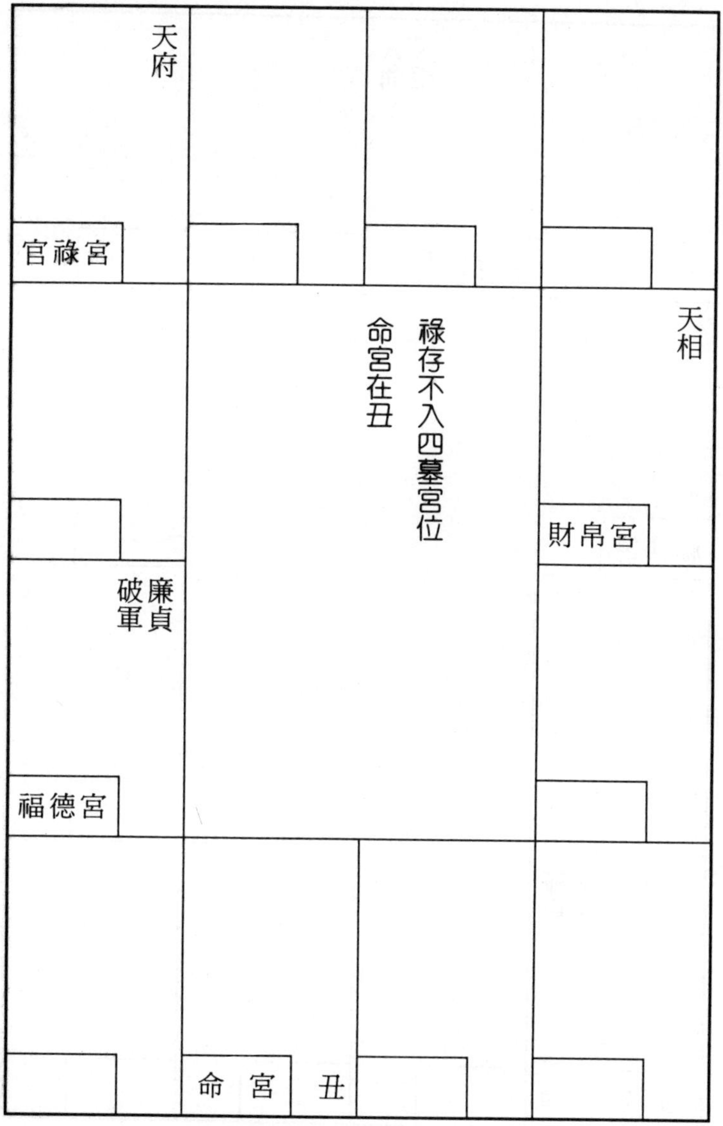

天府 官祿宮			
	祿存不入四墓宮位 命宮在丑		天相 財帛宮
廉貞 破軍 福德宮			
	命宮 丑		

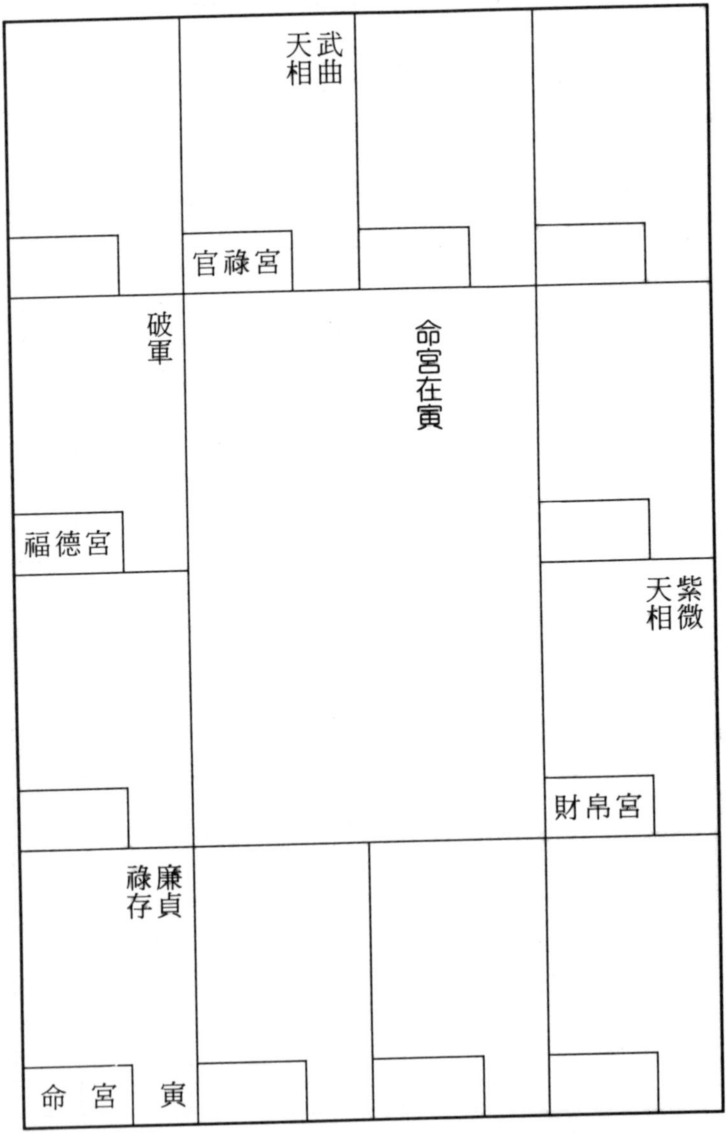

<table>
<tr><td></td><td>武曲
天相

官祿宮</td><td></td><td></td></tr>
<tr><td>破軍

福德宮</td><td colspan="2" rowspan="2">命宮在寅</td><td></td></tr>
<tr><td></td><td>紫微
天相

財帛宮</td></tr>
<tr><td>廉貞
祿存

命宮　寅</td><td></td><td></td><td></td></tr>
</table>

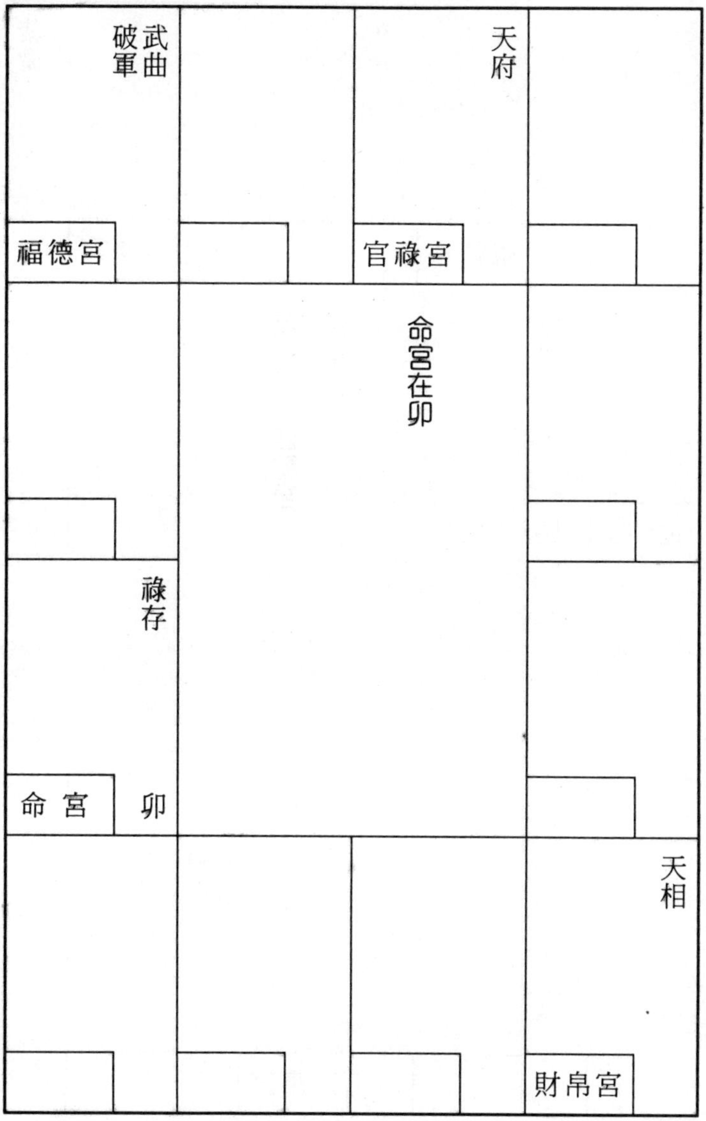

武曲 破軍 福德宮		天府 官祿宮	
	命宮在卯		
祿存 命宮 卯			
			天相 財帛宮

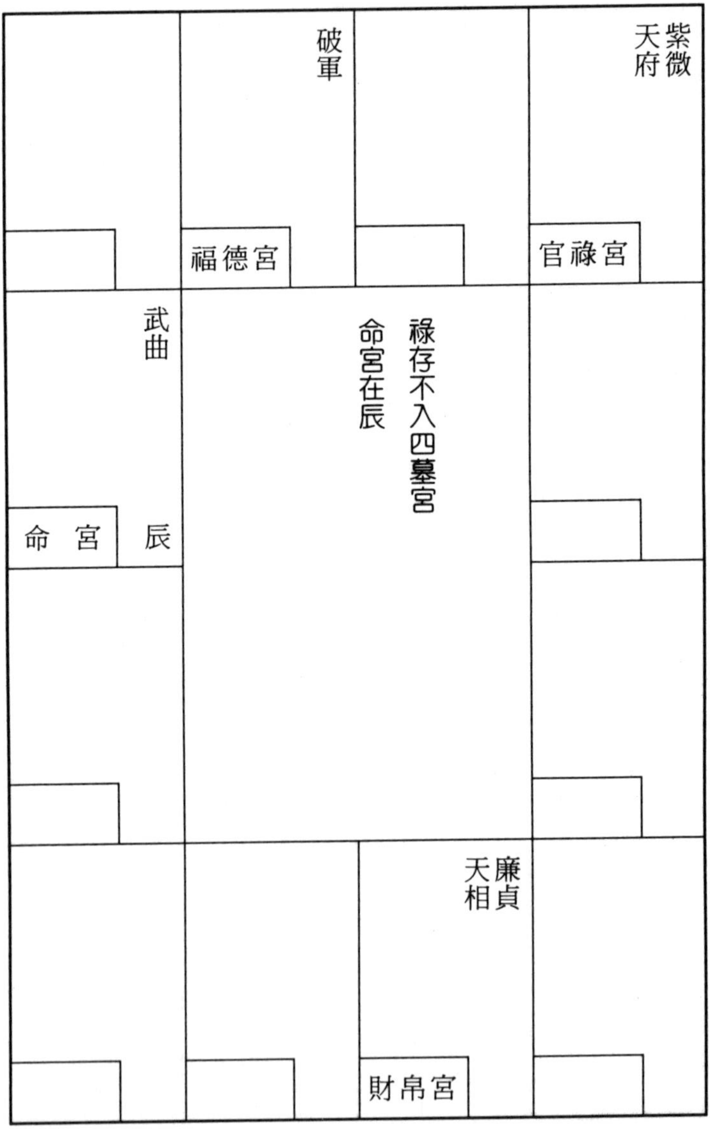

	破軍 福德宮		紫微 天府 官祿宮
武曲 命宮 辰	祿存不入四墓宮 命宮在辰		
		廉貞 天相 財帛宮	

祿存 命宮 巳		紫微 破軍 福德宮	
	命宮在巳		天府 官祿宮
	天相 財帛宮		

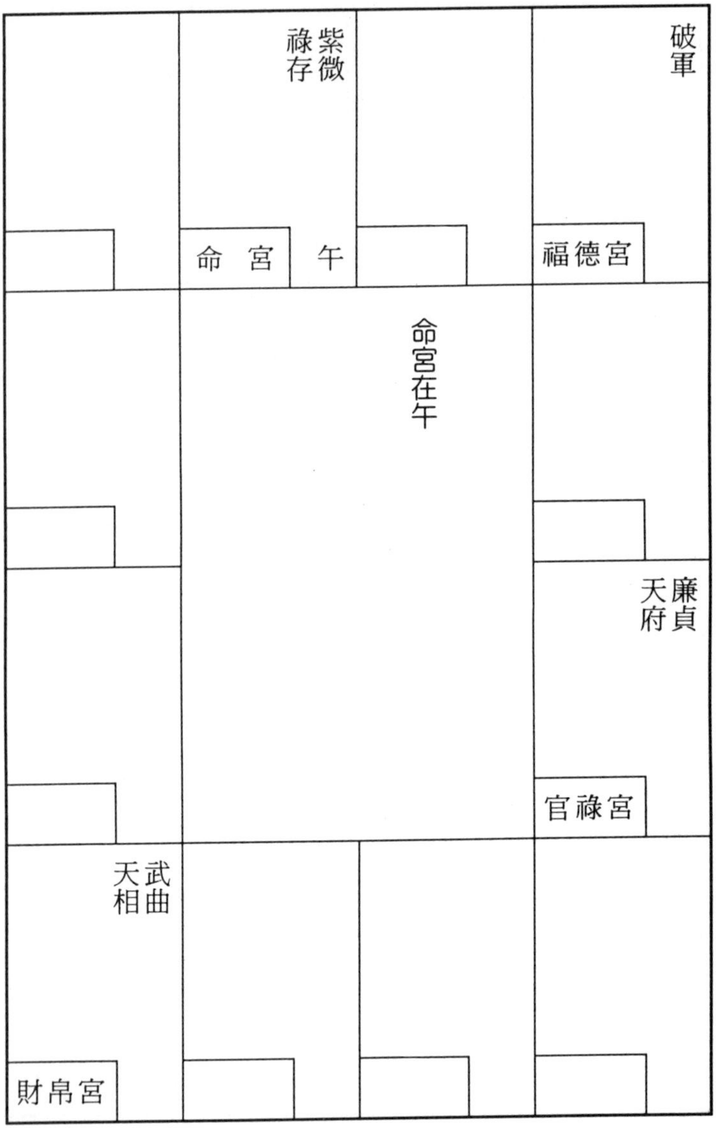

<table>
<tr><td></td><td>紫微
祿存

命宮　午</td><td></td><td>破軍

福德宮</td></tr>
<tr><td></td><td colspan="2" rowspan="2">命宮在午</td><td></td></tr>
<tr><td></td><td>廉貞
天府

官祿宮</td></tr>
<tr><td>武曲
天相

財帛宮</td><td></td><td></td><td></td></tr>
</table>

紫微 七殺 祿存 夫妻宮		命宮	
	祿存不入四墓宮 命宮在未		廉貞 破軍 福德宮
天相 財帛宮			
			天府 官祿宮

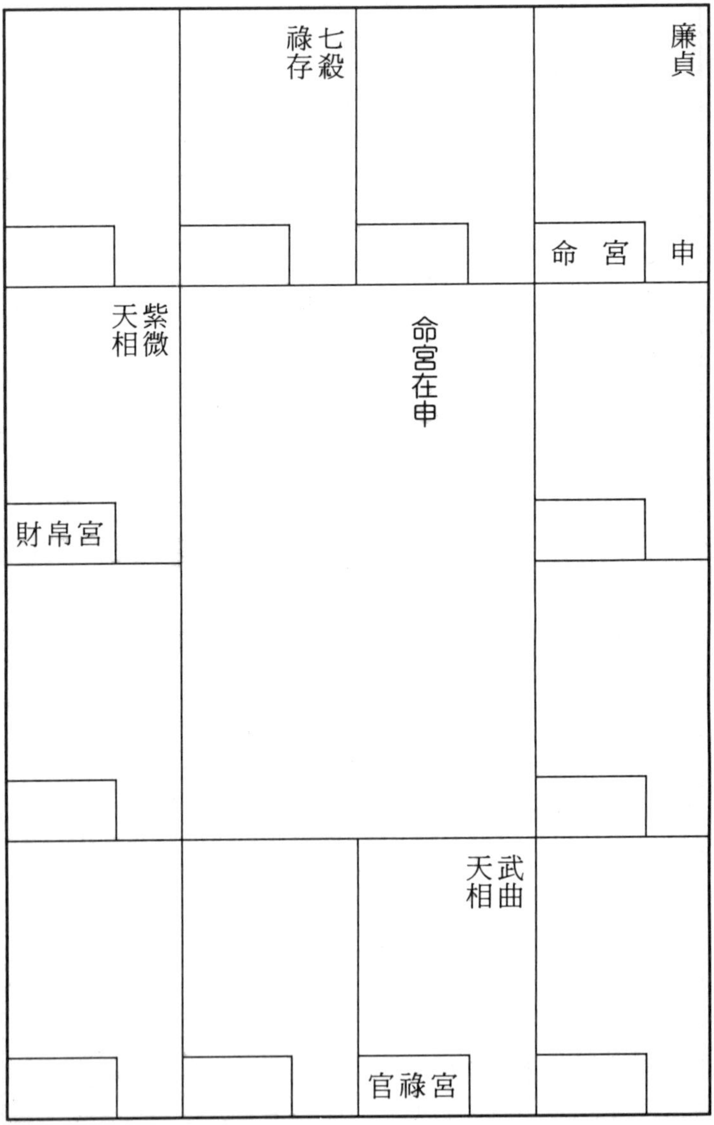

	七殺 祿存		廉貞 命宮 申
紫微 天相 財帛宮	命宮在申		
		武曲 天相 官祿宮	

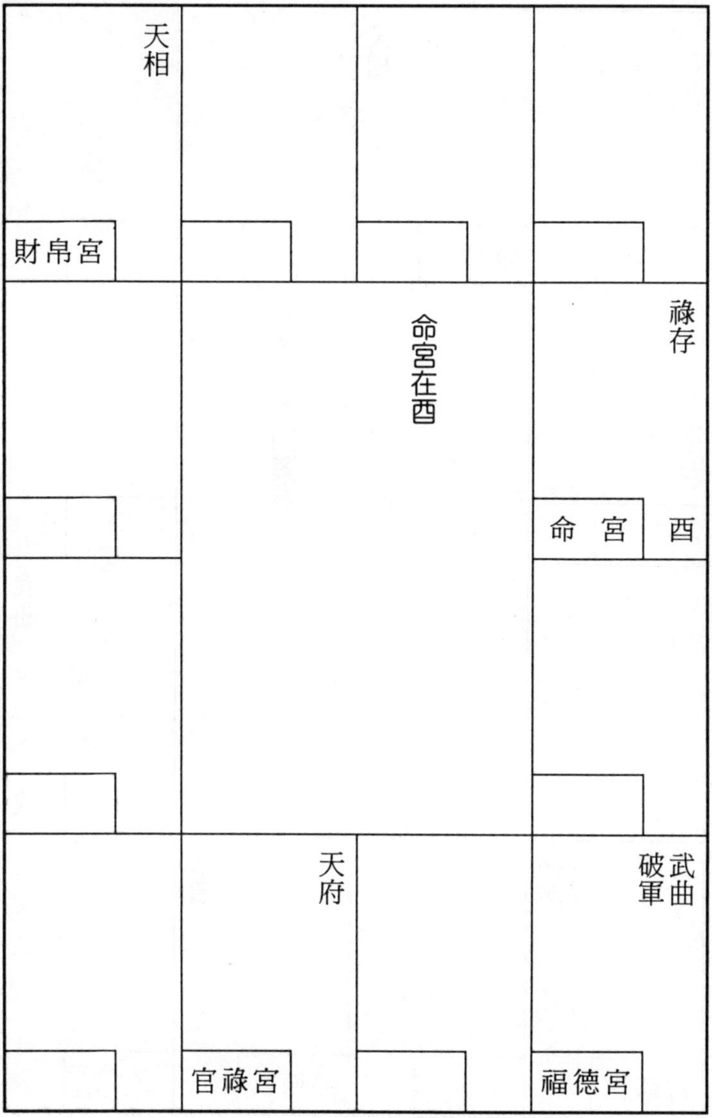

天相 財帛宮			
	命宮在酉		祿存 命宮　酉
	天府 官祿宮		武曲破軍 福德宮

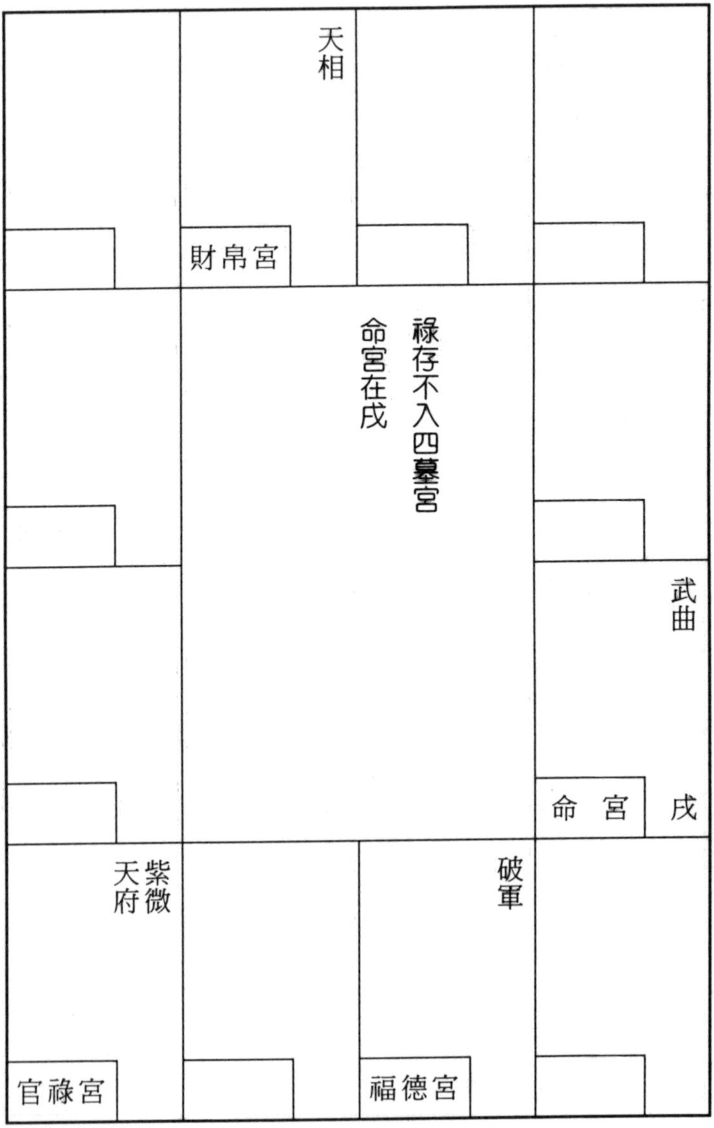

	天相 財帛宮		
	祿存不入四墓宮 命宮在戌		
			武曲 命宮 戌
紫微 天府 官祿宮		破軍 福德宮	

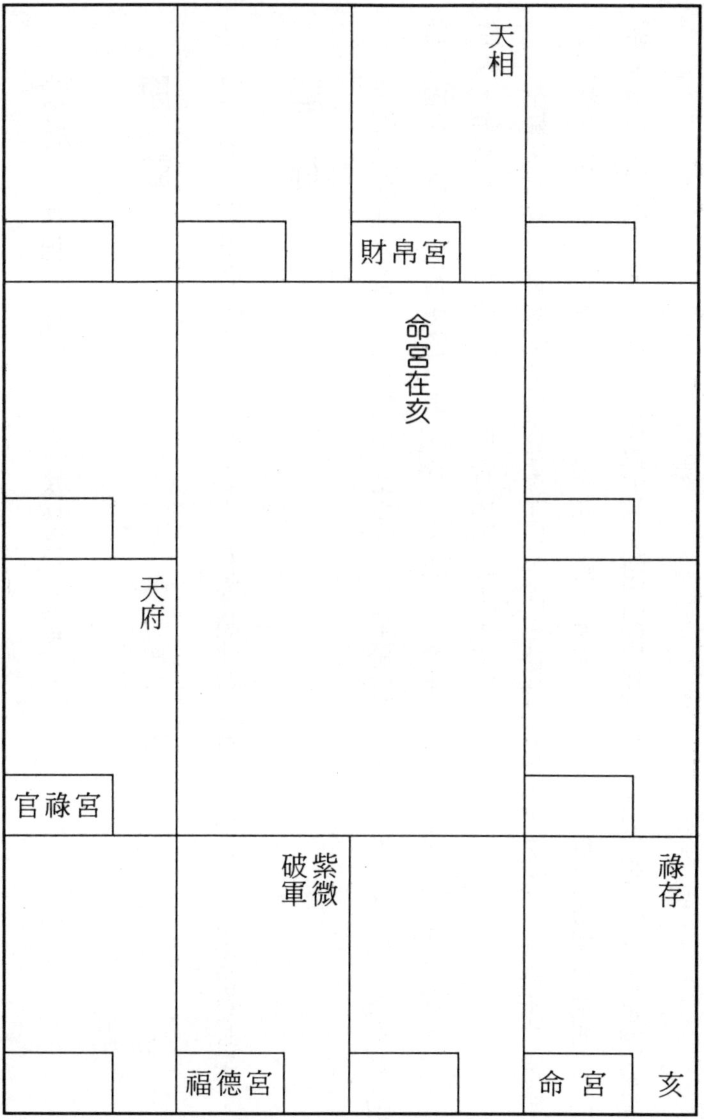

		天相 財帛宮	
	命宮在亥		
天府 官祿宮			
	紫微 破軍 福德宮		祿存 命宮 亥

紫府巳亥相互輔，左右扶持福必生。

原註

巳、亥二宮安命，芋紫、府、左、右守照沖夾，更兼化吉星，主富貴必矣！

解析

紫微為北斗之首，天府為南斗之頭，二星於寅、申宮同度，於巳、亥宮互為對照。因此，命坐巳宮，乙、丙、戊、壬生人；命坐亥宮，乙、丙、丁、戊、己、壬生人，主名利富貴雙收之格，但若逢煞忌星，主晚年不如意。

左輔、右弼二星其性情為寬柔兼俱，而「扶持」及相夾之意。斗數十二宮中，命宮是為父母宮與兄弟宮所夾。因此，對女命而言，婚前可得父母與兄弟姐妹的照顧；婚後又可得到公婆及其配偶親人之關照與體諒。是故「福必生」之論是誠驗矣！

巨門天機為破蕩；天梁月曜女命貧。(一)
擎羊火星為下賤；文昌文曲福不全。(二)
武曲之宿為寡宿；破軍一曜性難明。(三)
貪狼內狠多淫佚；七殺沉吟福不榮。(四)

原註

巨門、天機：寅、卯、申宮安命，巨、機逢之，雖為旺地，然，終福不全美。

天梁、太陰：巳、亥宮安命，天梁值之；寅、辰安命，太陰值之。縱使貞正、衣祿不遂。假如陷地，則主下賤。

擎羊、火星：此二星守命，旺宮猶可，但刑剋不免耳。如居陷地，加殺，主下賤，不然則夭。

文昌、文曲：此二星，宜男不宜女。

武曲：此星宜男不宜女。如值太陰得令，三方吉拱，可為女將。如陷地，遇昌、曲、加殺，則主孤貧。

破軍：此孤獨淫佚之星，女人不宜。加四殺，必因奸謀夫，因妒害子，不然則為妾婢、娼、尼可也。

貪狼：此名為「桃花」，乃好色之星。不容妾婢、心有嫉妒、因奸謀夫、害子，縱不至此之甚，淫佚最驗。

七殺：此將相之星。若居廟旺，可為女將。訣云：「機月寅申女命逢，惡殺加之淫巧容；便有吉化終不美，偏房侍奉主人翁。」

解析

㈠巨門化氣曰暗，又有「隔角煞」稱謂，也代表著「口」的意象，故於女命，則有吱吱喳喳、叨嘮之象。天機化氣曰善，又有愛管閒事之象，故於女命而言，由於心地善良又喜歡管人間閒事，因此，經常會招致無謂的麻煩。

天梁化氣曰蔭，是為服務星曜，又喜歡做老大總攬一些不必要的事而為之，因此，於女命而言，實在也略嫌太過「男人婆」的表徵。

太陰與太陽可看格局之高低，若是太陰不得地，不但貧，且氣質不佳，勞碌終生。

㈡擎羊、火星均為凶煞的星曜，於女命而言，實在不太恰當，現代猶有「叛逆」之稱呼，何況古代保守且處於大男人的社會裡。

文昌、文曲二星，對於註文所云：「宜男不宜女」，這實在是基於女子「無才便是德」的觀念而立論，但若於現代男女平等的社會，此段賦文可說是完全不成立，對女子而言，反而會有某方面的才華與成就。

㈢武曲為財星、五行屬金，賦文所云：「為寡宿」之言，若泛指為心性的表徵，實至為洽當不過！但若單指「寡」字而言，相信徵驗的機率實在也微乎其微，不足採信而用之。

破軍化氣曰耗，有先敗後成之意象，而且，也是一顆淫亂桃花之星，於女命，雖然在事業上會有很高的表現，但亦會呈現有如「女暴君」之表徵。如果再會逢煞忌星曜，則後果真是不堪設想。

㈣貪狼、七殺二星均是具有很濃的桃花意象，但亦有所分別與差距。貪狼星的桃花，是屬於「有所為而為」；七殺的桃花是屬於「無所為而為」的桃花，然而，不論是「有所為」，或是「無所為」，其共通的特性均是在於「慾」一字。

㈤其實，僅管賦文所言之「破蕩」、「貧」、「下賤」、「福不全」、「寡宿」、「性難明」、「內狠多淫佚」、「沉吟福不榮」等形容女命之徵象，如若稍用大腦去深思一下，男性逢此亦是相同，否則，大概就是「外星人・ＥＴ」之屬了。

十干化祿最榮昌，女命逢大吉祥；更得祿存相湊合，旺夫益子受恩光。

原　註

如命坐化祿，又得祿存沖合，或巡逢，或同宮，皆主命婦之貴，不然亦主大富，必生貴子。

解析

祿存與化祿二星雖具有形式上「祿」的意象，但實質意義卻有很大的差距。

祿存是具有寶藏、寶庫的實際有形物質徵象，而化祿只可喻為一種程度上無形的順遂、如意與多餘。因此，祿存有自由即擁有的意義，而化祿則是自外的影響所致。儘管如此，這兩顆星均有著一種物質不虞匱乏之徵義，所以，若是入於命宮坐守，不論男女命，均主「一個錢子打二十四個結」之典型守財奴，但這僅是針對祿存星而言。至於化祿，除非會逢財星，才會有財富充足且有不虞匱乏之徵驗，但其性情的展現就完全不同於祿存星的心態，因為，他的財富亦是經過自己的努力與奮鬥方始得來的。

依據賦文所指雙祿坐命的女性，一定會旺夫益子且有榮昌大吉祥之驗，但如《骨髓賦》所記載：「呂后專權，兩重天祿天馬。」可發現一件事實，此種雙祿坐命格局的女性，除了具備有個性上的節儉樸實外（甚至有吝嗇之事實），其行事作風亦表現出精明幹練，且具專權鴨霸之作風。因此，對於賦文所謂的「旺夫」、「益子」之賢德婦女的形象徵驗，實是有待商榷之處。畢竟，在這種情況被「旺」的「夫」，其心態不知會作何感想，至於「益子」，大概僅拘限於「物質」上的滿足罷了，這種的「益」子效應，相信不會有很多人會認同的，你認為呢？

㈠火鈴羊陀及巨門，地空地劫又相臨；貪狼七殺廉貞宿，武曲加臨剋害侵。

㈡三方四正嫌逢殺，更在夫宮禍患深；若值本宮無正曜，必主生離剋害真。

原註

㈠大抵此數星，女命不宜逢。如內逢一、二，亦主淫賊，若併見之，其下賤，貧夭必矣！

㈡此論前數星之中，惟七殺三方四正、身宮、夫宮，俱不宜見。見之者，要此依斷，方可驗也。

解析

㈠本句賦文所提及之諸星，筆者在前節已做過闡述。現在筆者僅彙集一些古賦文作為補充，供各位作為參考。

《斗數骨髓賦》云：

「巨、破、擎羊，性必剛。」

「火、劫、空、鈴，性不常。」

「火星、鈴星，專作禍。」

「羊、陀、七殺相雜互見，則傷。」

「貪狼、廉貞、七殺惡，七殺、擎羊、陀羅凶。」

《補遺骨髓賦》云：

「七殺臨身終是夭，貪狼入廟定為娼；

前示三合相臨照，也學韓君去竊香。」

「命中羊陀殺守身，火鈴坐照福非輕；

平生若不常平臥，也作駝腰曲背人。」

「相貌之中逢殺曜，更加三合又逢刑；

疾厄擎羊逢耗使，折傷肢體不和平。」

(二)至於「若值本宮無正曜，必主生離剋害真」一句所言，更是率爾操斛之見，相信大家都知道本宮若無正曜，可借對宮與對宮之三合宮位之星曜論之，因此，對於此種似是而非的見解理念，實在有欠「傳承」的使命與責任。

但，遺憾的是，斗數所承襲下來的古賦文中，諸如此種不負責任且胡亂瞎掰的現象，卻是經常可見。有鑑於此，吾輩日後於命盤的研習或探討上，最好是做通盤且全面性的思考與判斷，如此，方不至於重蹈古人輕率且不負責之覆轍。

天府 福德宮		武曲 貪狼 天魁 官祿宮	
	女命： 擎羊入命宮在卯		
廉貞 破軍 擎羊 命宮　卯			
	陀羅 天鉞 夫妻宮		紫微 七殺 財帛宮

	太陽 福德宮		天機 太陰 天魁 官祿宮
天同 擎羊 命宮 辰	女命：擎羊入命宮在辰		
陀羅 夫妻宮		天梁 天鉞 財帛宮	

	廉貞 天相 擎羊 命宮 午		七殺 福德宮
貪狼 陀羅 夫妻宮	女命：擎羊入命宮在午		
			武曲 官祿宮
紫微 天府 財帛宮			

陀羅 夫妻宮		紫微 破軍 擎羊 命宮 未	
	女命：擎羊入命宮在未		天鉞 天府 福德宮
武曲 七殺 財帛宮			
			廉貞 貪狼 天魁 官祿宮

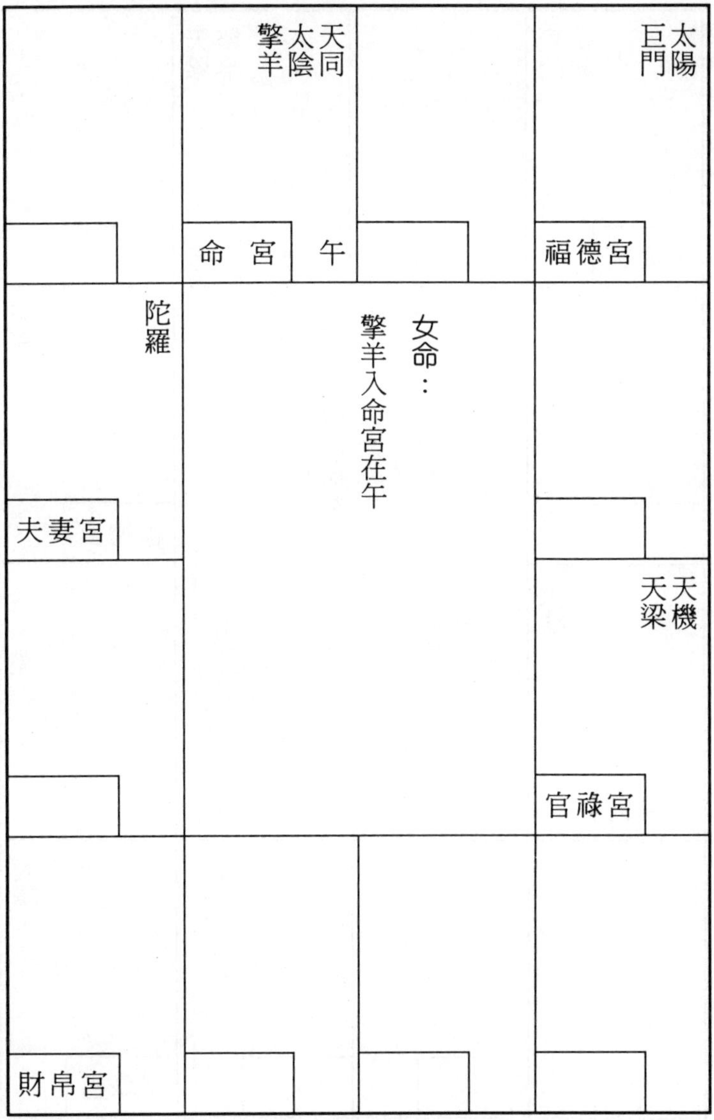

	天同 太陰 擎羊 命宮 午		太陽 巨門 福德宮
陀羅 夫妻宮	女命： 擎羊入命宮在午		
			天機 天梁 官祿宮
財帛宮			

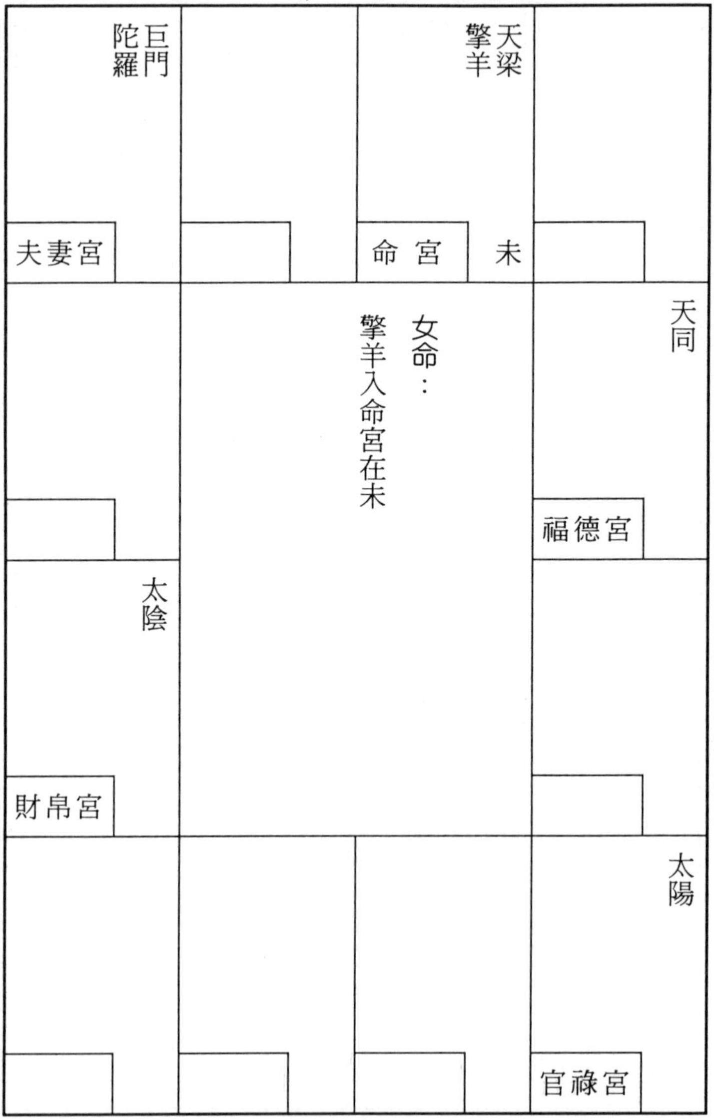

<table>
<tr><td>巨門
陀羅

夫妻宮</td><td></td><td>天梁
擎羊

命宮　未</td><td></td></tr>
<tr><td></td><td colspan="2" rowspan="2">女命：
擎羊入命宮在未</td><td>天同

福德宮</td></tr>
<tr><td>太陰

財帛宮</td><td></td></tr>
<tr><td></td><td></td><td></td><td>太陽

官祿宮</td></tr>
</table>

<table>
<tr><td>天梁
財帛宮</td><td></td><td>陀羅
天鉞
夫妻宮</td><td></td></tr>
<tr><td></td><td colspan="2" rowspan="2">女命：
擎羊入命宮在酉</td><td>擎羊
命宮 酉</td></tr>
<tr><td></td><td></td></tr>
<tr><td></td><td>太陽
太陰
天魁
官祿宮</td><td></td><td>天同
福德宮</td></tr>
</table>

	天鉞 財帛宮		陀羅 夫妻宮
	女命： 擎羊入命宮在戌		
			擎羊 命宮 戌
太陽 巨門 天魁 官祿宮		天同 太陰 福德宮	

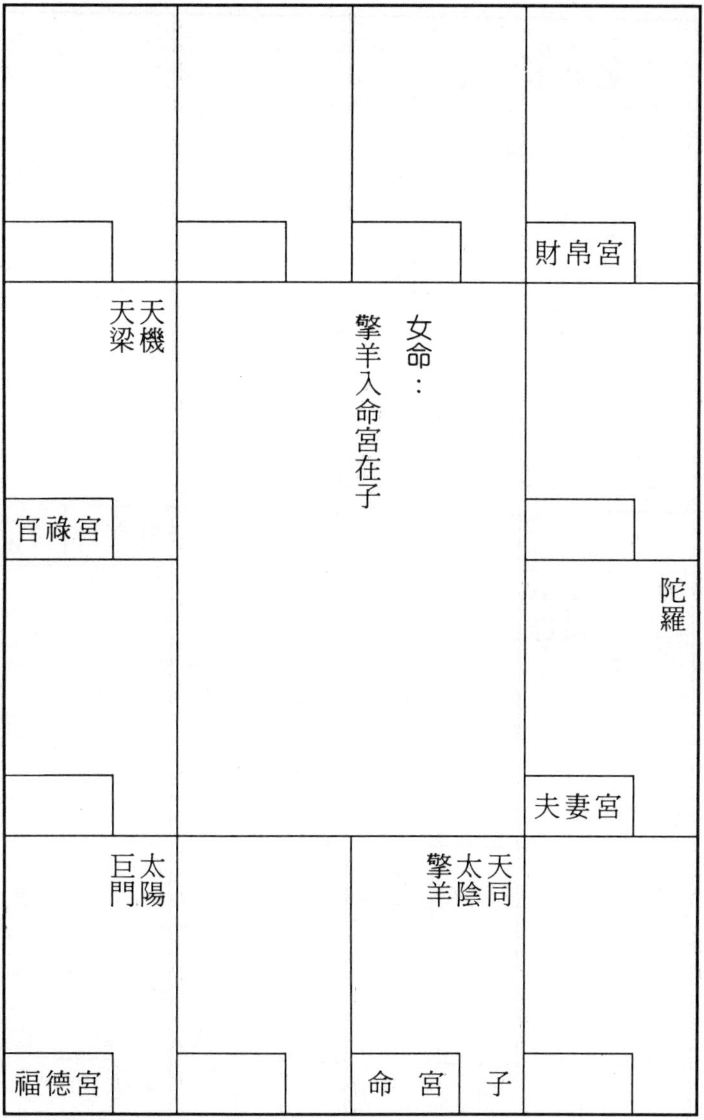

			財帛宮
天機 天梁 官祿宮	女命： 擎羊入命宮在子		
			陀羅 夫妻宮
太陽 巨門 福德宮		天同 太陰 擎羊 命宮　子	

<table>
<tr><td>廉貞
貪狼
天魁
官祿宮</td><td></td><td></td><td></td></tr>
<tr><td></td><td colspan="2" rowspan="2">女命：
擎羊入命宮在丑</td><td>武曲
七殺
財帛宮</td></tr>
<tr><td>天府
天鉞
福德宮</td><td></td></tr>
<tr><td></td><td>紫微
破軍
擎羊
命宮　丑</td><td></td><td>陀羅
夫妻宮</td></tr>
</table>

（註：以上所附之女命圖，均有生離剋害徵驗之或然率，各位不妨配合相關宮位共同參研。）

已前論賦俱係看命要訣，學者宜熟玩之，乃得原委也。

解析

《全集》最後一段賦文云：「已上論賦，俱是看命之法，條之有驗。宜細玩之，得之於心，其富貴、貧賤、榮華、壽夭，了然在胸次矣！」

「老王賣瓜」「自己往自己臉上貼金」的習性，好像不是現代人才具有的「美德」，由賦文字句所顯現「自吹自擂」之事實可知，此習性古人早已專美於前了。

至於「看命要訣」，則必須採全方位、通盤之探討，如此，方可有如賦文所言「乃得原委也」之真義精髓了。因此，對於斗數命定的研習，筆者認為除了要熟讀精研其賦文的理論外，《易經》理念的溶合演繹應用，更是利於進階斗數層次之不可缺的要素。

本節賦文是針對女性而立論，而古代與時下的女性，不論是在思想上或行為上，均有著天壤之別，因此，於實務的論斷上，千萬要注意時空上的變遷與差距，否則，在此女權意識抬頭的社會中，閣下的「前」途或是「錢」途，筆者保證一定無「亮」且「糗」大了，希望各位務必謹記在心，如此日後的前途或成就定是指日可待的了。

◎姜老師著作一覽表

〈命理部〉

斗數新論闡微
新斗數癸花寶典：星曜易理演繹
奇門遁甲入門解析
心水數占定乾坤
斗數星曜與格局新義
斗數高手——實戰過招
婚課擇用寶鑑
突破傳統八字命學
星座生肖血型三合一論命術
一分鐘卜運成功
全方位論斗數上下冊
新斗數癸花寶典：精選古賦文闡微
掐指神算定乾坤
簡易紫微斗數精華篇
實用八字命學講義
斗數高手——星曜秘儀解碼
2小時學會易經
紫微斗數職場致勝上下冊
如何創造一個好的八字命格
斗數推命自己來

〈風水部〉

風水入門
現代羅經理論解析
利用易經陽宅玄機使你金榜題名
現代風水學巒頭總論上下冊

實用風水學理氣探討上下冊
實用風水學秘笈總斷
怎樣佈置風水吉祥物
圖解吉祥家相風水

〔相學部〕

如來佛祖的五指山——手相學
趣談面相識人生
你就是手相學大師
現代公關相人術——面相學

◎姜老師個人檔案

●經歷：

基隆市救國團紫微斗數、陰陽宅講師
高雄市救國團紫微斗數、陰陽宅講師
高雄縣救國團紫微斗數、陰陽宅講師
屏東縣救國團紫微斗數、陰陽宅講師
高雄縣勞工學苑紫微斗數、陰陽宅講師
屏東文化中心紫微斗數、陰陽宅講師
鳳山市民學苑紫微斗數、陰陽宅講師
五術業餘作家已出版著作四十餘本

●賜教處：

高雄縣鳳山市中崙二路五七四巷十二號四樓
TEL：（〇七）七五三一四六七九
大哥大：〇九二七一九三九〇五九

・熱門新知・品冠編號 67

1. 圖解基因與 DNA　中原英臣主編　230 元
2. 圖解人體的神奇　(精)　米山公啟主編　230 元
3. 圖解腦與心的構造　(精)　永田和哉主編　230 元
4. 圖解科學的神奇　(精)　鳥海光弘主編　230 元
5. 圖解數學的神奇　(精)　柳 谷 晃著　250 元
6. 圖解基因操作　(精)　海老原充主編　230 元
7. 圖解後基因組　(精)　才園哲人著　230 元
8. 圖解再生醫療的構造與未來　才園哲人著　230 元
9. 圖解保護身體的免疫構造　才園哲人著　230 元
10. 90 分鐘了解尖端技術的結構　志村幸雄著　280 元
11. 人體解剖學歌訣　張元生主編　200 元

・名人選輯・品冠編號 671

1. 佛洛伊德　傅陽主編　200 元
2. 莎士比亞　傅陽主編　200 元
3. 蘇格拉底　傅陽主編　200 元
4. 盧梭　傅陽主編　200 元
5. 歌德　傅陽主編　200 元
6. 培根　傅陽主編　200 元
7. 但丁　傅陽主編　200 元
8. 西蒙波娃　傅陽主編　200 元

・圍棋輕鬆學・品冠編號 68

1. 圍棋六日通　李曉佳編著　160 元
2. 布局的對策　吳玉林等編著　250 元
3. 定石的運用　吳玉林等編著　280 元
4. 死活的要點　吳玉林等編著　250 元
5. 中盤的妙手　吳玉林等編著　300 元
6. 收官的技巧　吳玉林等編著　250 元
7. 中國名手名局賞析　沙舟編著　300 元
8. 日韓名手名局賞析　沙舟編著　330 元

・象棋輕鬆學・品冠編號 69

1. 象棋開局精要　方長勤審校　280 元
2. 象棋中局薈萃　言穆江著　280 元
3. 象棋殘局精粹　黃大昌著　280 元
4. 象棋精巧短局　石鏞、石煉編著　280 元

・生活廣場・品冠編號 61

1. 366 天誕生星　李芳黛譯　280 元
2. 366 天誕生花與誕生石　李芳黛譯　280 元
3. 科學命相　淺野八郎著　220 元
4. 已知的他界科學　陳蒼杰譯　220 元
5. 開拓未來的他界科學　陳蒼杰譯　220 元
6. 世紀末變態心理犯罪檔案　沈永嘉譯　240 元
7. 366 天開運年鑑　林廷宇編著　230 元
8. 色彩學與你　野村順一著　230 元
9. 科學手相　淺野八郎著　230 元
10. 你也能成為戀愛高手　柯富陽編著　220 元
12. 動物測驗—人性現形　淺野八郎著　200 元
13. 愛情、幸福完全自測　淺野八郎著　200 元
14. 輕鬆攻佔女性　趙奕世編著　230 元
15. 解讀命運密碼　郭宗德著　200 元
16. 由客家了解亞洲　高木桂藏著　220 元

・血型系列・品冠編號 611

1. A 血型與十二生肖　萬年青主編　180 元
2. B 血型與十二生肖　萬年青主編　180 元
3. 0 血型與十二生肖　萬年青主編　180 元
4. AB 血型與十二生肖　萬年青主編　180 元
5. 血型與十二星座　許淑瑛編著　230 元

・女醫師系列・品冠編號 62

1. 子宮內膜症　國府田清子著　200 元
2. 子宮肌瘤　黑島淳子著　200 元
3. 上班女性的壓力症候群　池下育子著　200 元
4. 漏尿、尿失禁　中田真木著　200 元
5. 高齡生產　大鷹美子著　200 元
6. 子宮癌　上坊敏子著　200 元
7. 避孕　早乙女智子著　200 元
8. 不孕症　中村春根著　200 元
9. 生理痛與生理不順　堀口雅子著　200 元

10. 更年期 野末悅子著 200 元

・傳統民俗療法・品冠編號 63

1. 神奇刀療法 潘文雄著 200 元
2. 神奇拍打療法 安在峰著 200 元
3. 神奇拔罐療法 安在峰著 200 元
4. 神奇艾灸療法 安在峰著 200 元
5. 神奇貼敷療法 安在峰著 200 元
6. 神奇薰洗療法 安在峰著 200 元
7. 神奇耳穴療法 安在峰著 200 元
8. 神奇指針療法 安在峰著 200 元
9. 神奇藥酒療法 安在峰著 200 元
10. 神奇藥茶療法 安在峰著 200 元
11. 神奇推拿療法 張貴荷著 200 元
12. 神奇止痛療法 漆 浩 著 200 元
13. 神奇天然藥食物療法 李琳編著 200 元
14. 神奇新穴療法 吳德華編著 200 元
15. 神奇小針刀療法 韋丹主編 200 元
16. 神奇刮痧療法 童佼寅主編 200 元
17. 神奇氣功療法 陳坤編著 200 元

・常見病藥膳調養叢書・品冠編號 631

1. 脂肪肝四季飲食 蕭守貴著 200 元
2. 高血壓四季飲食 秦玖剛著 200 元
3. 慢性腎炎四季飲食 魏從強著 200 元
4. 高脂血症四季飲食 薛輝著 200 元
5. 慢性胃炎四季飲食 馬秉祥著 200 元
6. 糖尿病四季飲食 王耀獻著 200 元
7. 癌症四季飲食 李忠著 200 元
8. 痛風四季飲食 魯焰主編 200 元
9. 肝炎四季飲食 王虹等著 200 元
10. 肥胖症四季飲食 李偉等著 200 元
11. 膽囊炎、膽石症四季飲食 謝春娥著 200 元

・彩色圖解保健・品冠編號 64

1. 瘦身 主婦之友社 300 元
2. 腰痛 主婦之友社 300 元
3. 肩膀痠痛 主婦之友社 300 元
4. 腰、膝、腳的疼痛 主婦之友社 300 元
5. 壓力、精神疲勞 主婦之友社 300 元
6. 眼睛疲勞、視力減退 主婦之友社 300 元

・休閒保健叢書・品冠編號 641

1.	瘦身保健按摩術	聞慶漢主編	200 元
2.	顏面美容保健按摩術	聞慶漢主編	200 元
3.	足部保健按摩術	聞慶漢主編	200 元
4.	養生保健按摩術	聞慶漢主編	280 元
5.	頭部穴道保健術	柯富陽主編	180 元
6.	健身醫療運動處方	鄭寶田主編	230 元
7.	實用美容美體點穴術＋VCD	李芬莉主編	350 元

・心 想 事 成・品冠編號 65

1.	魔法愛情點心	結城莫拉著	120 元
2.	可愛手工飾品	結城莫拉著	120 元
3.	可愛打扮 & 髮型	結城莫拉著	120 元
4.	撲克牌算命	結城莫拉著	120 元

・健康新視野・品冠編號 651

1.	怎樣讓孩子遠離意外傷害	高溥超等主編	230 元
2.	使孩子聰明的鹼性食品	高溥超等主編	230 元
3.	食物中的降糖藥	高溥超等主編	230 元

・少 年 偵 探・品冠編號 66

1.	怪盜二十面相	（精）	江戶川亂步著	特價 189 元
2.	少年偵探團	（精）	江戶川亂步著	特價 189 元
3.	妖怪博士	（精）	江戶川亂步著	特價 189 元
4.	大金塊	（精）	江戶川亂步著	特價 230 元
5.	青銅魔人	（精）	江戶川亂步著	特價 230 元
6.	地底魔術王	（精）	江戶川亂步著	特價 230 元
7.	透明怪人	（精）	江戶川亂步著	特價 230 元
8.	怪人四十面相	（精）	江戶川亂步著	特價 230 元
9.	宇宙怪人	（精）	江戶川亂步著	特價 230 元
10.	恐怖的鐵塔王國	（精）	江戶川亂步著	特價 230 元
11.	灰色巨人	（精）	江戶川亂步著	特價 230 元
12.	海底魔術師	（精）	江戶川亂步著	特價 230 元
13.	黃金豹	（精）	江戶川亂步著	特價 230 元
14.	魔法博士	（精）	江戶川亂步著	特價 230 元
15.	馬戲怪人	（精）	江戶川亂步著	特價 230 元
16.	魔人銅鑼	（精）	江戶川亂步著	特價 230 元
17.	魔法人偶	（精）	江戶川亂步著	特價 230 元
18.	奇面城的秘密	（精）	江戶川亂步著	特價 230 元
19.	夜光人	（精）	江戶川亂步著	特價 230 元

20. 塔上的魔術師	（精）	江戶川亂步著	特價	230 元
21. 鐵人Q	（精）	江戶川亂步著	特價	230 元
22. 假面恐怖王	（精）	江戶川亂步著	特價	230 元
23. 電人M	（精）	江戶川亂步著	特價	230 元
24. 二十面相的詛咒	（精）	江戶川亂步著	特價	230 元
25. 飛天二十面相	（精）	江戶川亂步著	特價	230 元
26. 黃金怪獸	（精）	江戶川亂步著	特價	230 元

・武 術 特 輯・大展編號 10

1. 陳式太極拳入門	馮志強編著	180 元
2. 武式太極拳	郝少如編著	200 元
3. 中國跆拳道實戰 100 例	岳維傳著	220 元
4. 教門長拳	蕭京凌編著	150 元
5. 跆拳道	蕭京凌編譯	180 元
6. 正傳合氣道	程曉鈴譯	200 元
7. 實用雙節棍	吳志勇編著	200 元
8. 格鬥空手道	鄭旭旭編著	200 元
9. 實用跆拳道	陳國榮編著	200 元
10. 武術初學指南	李文英、解守德編著	250 元
11. 泰國拳	陳國榮著	180 元
12. 中國式摔跤	黃 斌編著	180 元
13. 太極劍入門	李德印編著	180 元
14. 太極拳運動	運動司編	250 元
15. 太極拳譜	清・王宗岳等著	280 元
16. 散手初學	冷 峰編著	200 元
17. 南拳	朱瑞琪編著	180 元
18. 吳式太極劍	王培生著	200 元
19. 太極拳健身與技擊	王培生著	250 元
20. 秘傳武當八卦掌	狄兆龍著	250 元
21. 太極拳論譚	沈 壽著	250 元
22. 陳式太極拳技擊法	馬 虹著	250 元
23. 二十四式 三十二式 太極 拳 劍	闞桂香著	180 元
24. 楊式秘傳 129 式太極長拳	張楚全著	280 元
25. 楊式太極拳架詳解	林炳堯著	280 元
26. 華佗五禽劍	劉時榮著	180 元
27. 太極拳基礎講座：基本功與簡化 24 式	李德印著	250 元
28. 武式太極拳精華	薛乃印著	200 元
29. 陳式太極拳拳理闡微	馬 虹著	350 元
30. 陳式太極拳體用全書	馬 虹著	400 元
31. 張三豐太極拳	陳占奎著	200 元
32. 中國太極推手	張 山主編	300 元
33. 48 式太極拳入門	門惠豐編著	220 元
34. 太極拳奇人奇功	嚴翰秀編著	250 元

35. 心意門秘籍	李新民編著	220 元
36. 三才門乾坤戊己功	王培生編著	220 元
37. 武式太極劍精華＋VCD	薛乃印編著	350 元
38. 楊式太極拳	傅鐘文演述	200 元
39. 陳式太極拳、劍 36 式	闞桂香編著	250 元
40. 正宗武式太極拳	薛乃印著	220 元
41. 杜元化＜太極拳正宗＞考析	王海洲等著	300 元
42. ＜珍貴版＞陳式太極拳	沈家楨著	280 元
43. 24 式太極拳＋VCD	中國國家體育總局著	350 元
44. 太極推手絕技	安在峰編著	250 元
45. 孫祿堂武學錄	孫祿堂著	300 元
46. ＜珍貴本＞陳式太極拳精選	馮志強著	280 元
47. 武當趙堡太極拳小架	鄭悟清傳授	250 元
48. 太極拳習練知識問答	邱丕相主編	220 元
49. 八法拳 八法槍	武世俊著	220 元
50. 地趟拳＋VCD	張憲政著	350 元
51. 四十八式太極拳＋DVD	楊 靜演示	400 元
52. 三十二式太極劍＋VCD	楊 靜演示	300 元
53. 隨曲就伸 中國太極拳名家對話錄	余功保著	300 元
54. 陳式太極拳五功八法十三勢	闞桂香著	200 元
55. 六合螳螂拳	劉敬儒等著	280 元
56. 古本新探華佗五禽戲	劉時榮編著	180 元
57. 陳式太極拳養生功＋VCD	陳正雷著	350 元
58. 中國循經太極拳二十四式教程	李兆生著	300 元
59. ＜珍貴本＞太極拳研究	唐豪・顧留馨著	250 元
60. 武當三豐太極拳	劉嗣傳著	300 元
61. 楊式太極拳體用圖解	崔仲三編著	400 元
62. 太極十三刀	張耀忠編著	230 元
63. 和式太極拳譜＋VCD	和有祿編著	450 元
64. 太極內功養生術	關永年著	300 元
65. 養生太極推手	黃康輝編著	280 元
66. 太極推手祕傳	安在峰編著	300 元
67. 楊少侯太極拳用架真詮	李璉編著	280 元
68. 細說陰陽相濟的太極拳	林冠澄著	350 元
69. 太極內功解祕	祝大彤編著	280 元
70. 簡易太極拳健身功	王建華著	180 元
71. 楊氏太極拳真傳	趙斌等著	380 元
72. 李子鳴傳梁式直趟八卦六十四散手掌	張全亮編著	200 元
73. 炮捶 陳式太極拳第二路	顧留馨著	330 元
74. 太極推手技擊傳真	王鳳鳴編著	300 元
75. 傳統五十八式太極劍	張楚全編著	200 元
76. 新編太極拳對練	曾乃梁編著	280 元
77. 意拳拳學	王薌齋創始	280 元
78. 心意拳練功竅要	馬琳璋著	300 元

79. 形意拳搏擊的理與法　買正虎編著　300 元
80. 拳道功法學　李玉柱編著　300 元
81. 精編陳式太極拳拳劍刀　武世俊編著　300 元
82. 現代散打　梁亞東編著　200 元
83. 形意拳械精解（上）　邸國勇編著　480 元
84. 形意拳械精解（下）　邸國勇編著　480 元
85. 楊式太極拳詮釋【理論篇】　王志遠編著　200 元
86. 楊式太極拳詮釋【練習篇】　王志遠編著　280 元
87. 中國當代太極拳精論集　余功保主編　500 元
88. 八極拳運動全書　安在峰編著　480 元
89. 陳氏太極長拳 108 式＋VCD　王振華著　350 元
90. 太極拳練架真詮　李璉著　280 元
91. 走進太極拳 太極拳初段位訓練與教學法　曾乃梁編著　300 元
92. 中國功夫操　莊昔聰編著　280 元
93. 太極心語　陳太平著　280 元
94. 楊式太極拳學練釋疑　奚桂忠著　250 元
95. 自然太極拳<81 式>　祝大彤編著　330 元
96. 陳式太極拳精義　張茂珍編著　380 元
97. 盈虛有象 中國太極拳名家對話錄　余功保編著　600 元

・彩色圖解太極武術・大展編號 102

1. 太極功夫扇　李德印編著　220 元
2. 武當太極劍　李德印編著　220 元
3. 楊式太極劍　李德印編著　220 元
4. 楊式太極刀　王志遠著　220 元
5. 二十四式太極拳（楊式）＋VCD　李德印編著　350 元
6. 三十二式太極劍（楊式）＋VCD　李德印編著　350 元
7. 四十二式太極劍＋VCD　李德印編著　350 元
8. 四十二式太極拳＋VCD　李德印編著　350 元
9. 16 式太極拳 18 式太極劍＋VCD　崔仲三著　350 元
10. 楊氏 28 式太極拳＋VCD　趙幼斌著　350 元
11. 楊式太極拳 40 式＋VCD　宗維潔編著　350 元
12. 陳式太極拳 56 式＋VCD　黃康輝等著　350 元
13. 吳式太極拳 45 式＋VCD　宗維潔編著　350 元
14. 精簡陳式太極拳 8 式、16 式　黃康輝編著　220 元
15. 精簡吳式太極拳＜36 式拳架・推手＞　柳恩久主編　220 元
16. 夕陽美功夫扇　李德印著　220 元
17. 綜合 48 式太極拳＋VCD　竺玉明編著　350 元
18. 32 式太極拳（四段）　宗維潔演示　220 元
19. 楊氏 37 式太極拳＋VCD　趙幼斌著　350 元
20. 楊氏 51 式太極劍＋VCD　趙幼斌著　350 元
21. 嫡傳楊家太極拳精練 28 式　傅聲遠著　220 元
22. 嫡傳楊家太極劍 51 式　傅聲遠著　220 元